Inhalt

S. 2
JUNE ROBERTSON BEISCH
Eleven Poems – Elf Gedichte

S. 28
MATTHIAS BUTH
Aus Mitteleuropa

S. 44
MICHAEL GORMANN-THELEN
Briefliche Leibesinseln des Vigoleis

S. 51
JÜRGEN KROSS
Inland

S. 48
GÖRAN TUNSTRÖM
Unsere Insel – Unsere Zeit im Meer

S. 63
ALEXANDRA BERNHARDT
Sieben Gedichte

S. 67
TANJA JESCHKE
Vier Zimmer, lichtdurchflutet

S. 75
ROLF SCHÖNLAU
70er-Remix (2. Pers. Sing.)

S. 84
ERIK BECKMAN
Kleingeist

S. 98
NORBERT LANGE
Gedichte

S. 103
JONAS ELLERSTRÖM
Weiß und Schwarz

S. 114
aufgeschlagen

S. 123
Die Beiträger

JUNE ROBERTSON BEISCH
Eleven Poems – Elf Gedichte

Aus dem amerikanischen Englisch übersetzt von Mathias Jeschke

SKUNKS

This morning, I stepped out
onto the deck
and into the cold, sharp

morning air
and the cold sharp scent
of a skunk

lurking nearby, close
enough to remind me
that some are up early

sorting through life's detritus,
hoping to uncover
its purpose or meaning,

some are reconnoitering,
hoping to discover
just who is the enemy, who the friend.

SKUNKS

Heute Morgen trat ich hinaus
auf die Veranda,
in die kalte, schneidende

Morgenluft
und den kalten, schneidenden Gestank
eines Skunks,

der in der Nähe lungerte, nah
genug, um mir bewusst zu machen,
dass manche früh auf sind,

um den Mulm des Lebens zu durchstöbern,
in der Hoffnung, auf seinen Zweck,
oder Sinn zu stoßen,

andere wühlen herum,
in der Hoffnung, herauszufinden,
wer Feind ist und wer Freund.

Last night, I sat reading poems
from a new anthology
and after a while, I put the book down,

lowered my head, my heart
aching. I was filled
with the most delicious

sadness. I was no longer in the
everyday, ordinary world but
was transported to the one of

beauty and of sorrow
and I saw then
how much we need sadness

and how sometimes, reading poetry,
you come upon a sudden
sharp whiff of truth and it

enters your life, it hurts you,
and it can even
set you free

Letzte Nacht saß ich und las Gedichte
in einer neuen Anthologie
und nach einer Weile ließ ich das Buch sinken,

neigte den Kopf, mein Herz
seufzte. Ich war erfüllt
von der köstlichsten

Traurigkeit. Ich befand mich nicht mehr in der
alltäglich gewohnten Welt, sondern
war versetzt worden in die von

Schönheit und Schmerz,
und dann begriff ich,
wie sehr wir die Traurigkeit brauchen

und wie dich beim Lesen von Gedichten
manchmal ein heftig schneidender
Luftzug der Wahrheit erwischt, er

trifft auf dein Leben, verwundet dich
und kann dich sogar
befreien.

AUNT BOBBY

My favorite aunt was unmarried, half deaf
and lived alone in a smoke-filled room
at the Curtis Hotel in Minneapolis.
Once beautiful, she still had her vanity.

Her hip, mangled in surgery,
gave her a spasmodic gait, she flapped
down Oakland Avenue to visit us
like a tall crane who'd had a few.

I loved the sight of her, ran to
the frazzled, overpermed head, the
too-bright ruby lips, the strong perfume.
For all the appearances of inutile femininity,

she was to me, a half divinity.

The auntness of aunts, their
bemused, hat-askance objectivity.
They belong to no one and to everyone
and can offer a child another reality.

How many times she took me home
to her apartment hoping to give
my busy mother a small reprieve
handed me a pencil and drawing pad

then made me feel like Michaelangelo.
Now thinking back, I wish I had
given back just half of what she gave to me.

TANTE BOBBY

Meine Lieblingstante war unverheiratet, halbtaub
und wohnte allein in einem verrauchten Zimmer
im Curtis Hotel in Minneapolis.
Von ihrer einstigen Schönheit blieb ihr die Eitelkeit.

Ihre bei einer Operation demolierte Hüfte
verlieh ihr eine spastische Gangart, sie schlenkerte,
die Oakland Avenue hinunter, wenn sie uns besuchte,
wie ein schlaksiger Kran, der einen intus hat.

Ich war glücklich, wenn ich sie erspähte, rannte
diesem zerzausten, überdauergewellten Kopf, den
grell-rubinroten Lippen, dem heftigen Parfum entgegen.
Wegen all dieser Attribute übertriebener Weiblichkeit

kam sie mir wie eine Halbgöttin vor.

Das Tantige der Tanten, ihre
irritierende, schiefhütige Sachlichkeit.
Sie gehören niemandem und allen und können
Kindern eine andere Wirklichkeit eröffnen.

Wie oft nahm sie mich mit nach Hause
in ihre Wohnung, um meiner überlasteten
Mutter ein wenig Erholung zu verschaffen,
versorgte mich mit Stift und Zeichenblock

und gab mir das Gefühl, ein Michelangelo zu sein.
Heute wünschte ich, ich hätte wenigstens die Hälfte
zurückgegeben von dem, was ich von ihr bekommen hab.

THE YEARS WE LIVED IN CAMBRIDGE

First, in the apartment on the Charles River where
the sycamores shed their skins to reveal
a patched nakedness, a pied sensuality, then
high up on the sixth floor in a grand apartment
filled with English antiques and a grand piano.

But when we found the house we wanted to buy,
life became, suddenly, less than it was.

Then, too, walking through Harvard Square,
there were always young people everywhere
laughing and talking. One day, I pass a young woman,
her arms filled with books and feel a flash
of her face in the yearbook years from now.
Her smile freezes and I feel my life
paginating, paginating,

and I become a fragment of her past
since these school years are always a part
of someone's past, as are these sepia trees and grass,
these pupils dilating letting in light. This
wind-swept yard, this meagerness of grass.
Will she remember it as I do? Will she recall
a middle aged woman she happened to pass
on a narrow path line with statues
taking up space in the land of the living?

DIE JAHRE, DIE WIR IN CAMBRIDGE VERBRACHTEN

Zuerst in der Wohnung am Charles River, wo
die Platanen sich häuteten, um eine gefleckte Nacktheit,
eine gescheckte Sinnlichkeit zu offenbaren, danach
hoch oben, im sechsten Stock, in einem großen Apartment,
vollgestopft mit englischen Antiquitäten und einem Flügel.

Doch als wir das Haus fanden, das wir kaufen wollten,
wurde das Leben plötzlich kleiner als zuvor.

Als nächstes spazieren wir dann über den Harvard Square,
immer belebt vom Lachen und Reden junger Leute.
Eines Tages gehe ich an einer jungen Frau vorbei, sie hat
die Arme voller Bücher, da blitzt in mir ihr Gesicht auf
aus dem Jahrbuch vor Jahrzehnten. Ihr Lächeln gefriert,
mir ist, als werde in meinem Leben geblättert,
Seite für Seite für Seite.

und ich werde zu einem Bruchstück ihrer Vergangenheit,
wie diese Schuljahre immer ein Teil von irgendjemandes
Vergangenheit sind, genau wie diese sepiafarbenen Bäume
und das Gras, diese Schüler, die sich strecken, Licht einlassen.
Der winddurchwehte Hof, die Dürre des Rasens.
Wird sie sich, wie ich, erinnern? Wird sie sich
auf eine Frau mittleren Alters besinnen, die zufällig
an ihr vorüberging, auf einem schmalen Weg mit Statuen,
die Raum einnahm im Land der Lebendigen?

IN MUIR WOODS

Last night, a giant redwood fell
either from old age, disease, or
"sometimes they just give up," the ranger said.

Listen, I was in the woods, I
heard it too, like my own death
falling inside me.

Here in the last of the old growth forests
where some trees are still virginal,
some older than Moses,

I thought, then, of you. You are not the one
dying, you said to me,
and I quoted to you from Montaigne

that death was not a proper object of fear
but only the end of life.
What is a proper object of fear, you asked,

and I said death of the heart.
But life, you said, was
everything. And you were in love

with that beautiful lie.

Sometimes these trees send out
all their sap at once
making them vulnerable, sometimes,
they grow burls of anxiety

IN DEN MUIR WOODS

Letzte Nacht fiel einer der Küstenmammutbäume,
entweder aus Altersschwäche, Krankheit oder:
„Manchmal geben sie einfach auf", sagte der Ranger.

Weißt du, ich war in den Wäldern, ich
konnte es hören, als fiele mein eigener
Tod in mir.

Hier, im letzten der uralten Wälder,
in dem manche Bäume noch jungfräulich sind,
andere älter als Mose,

musste ich an dich denken. Du gehörst nicht zu denen, die
sterben, sagtest du zu mir,
und ich zitierte als Antwort Montaigne,

der Tod sei kein angemessener Anlass zur Furcht,
sondern lediglich das Ende des Lebens.
Was ist ein angemessener Anlass, fragtest du,

und ich erwiderte, der Tod des Herzens.
Aber das Leben, sagtest du, war
unser ein und alles. Und warst verliebt

in diese schöne Lüge.

Manchmal pressen diese Bäume
ihren ganzen Harz auf einmal heraus
und machen sich verletzlich, manchmal
bilden sie Knollen der Angst.

Look, the ranger said to us,
the bark is so wet because the tree
drinks hundreds of gallons of water a day

from the fog that rolls in
over the Golden Gate Bridge.
That bridge which is so beautiful and which

holds such promise for tomorrow
with its blue shimmering bay.
Every day when I see the fog now,
I think of you and then I can almost
feel the fog cover me with
that enveloping mist, can almost feel

the branches of the redwood
being kissed by its cold
ministrations. I would, if I could,

stand here all day like these trees, but my
heart is so sore, it is almost ready to burst,
and I am filled, suddenly,

with a wild and insatiable thirst.

Sehen Sie, sagte der Ranger zu uns,
die Rinde ist so feucht, weil der Baum
täglich hunderte von Litern Wasser

aus dem Nebel saugt, der von der
Golden Gate Bridge herüberzieht.
Diese Brücke, die so schön ist und die

eine derartige Verheißung für morgen bereithält
mit ihrer blauen, schimmernden Bucht.
Immer, wenn ich nun den Nebel sehe,
denke ich an dich und dann kann ich beinahe
fühlen, wie der Nebel mich umgibt
mit seiner feuchten Hülle, kann beinahe fühlen,

wie die Äste der Mammutbäume
von seinen kühlen Segnungen
geküsst werden. Wenn ich könnte,

bliebe ich für immer hier stehen wie diese Bäume,
aber mein Herz ist so wund, es ist bereit
zu brechen, und ich bin mit einem Mal erfüllt

von einem wilden, unersättlichen Durst.

LOBSTER

On first seeing it, I was repelled
by the idea of eating something so
exotic looking and sinister,

having read Jean Paul Sartre's line
about crustaceans having a dubious
consciousness. But I was in New York, and

the young man I had met there tucked
my napkin under my chin and
handed me a nutcracker for the shell.

I was from Minnesota, raised on
lakes and brook trout. I, too, was
uncooked and formless, like the creatures

who take on the shape of their environment.
My first taste was delicious, but the
third was even better and by

that time I was a real New York girl
who wore skinny black dresses and false eyelashes,
able to handle myself with any

crustacean, dubious consciousness or not.

HUMMER

Als ich zum ersten Mal einen sah, war mir
die Vorstellung, etwas so exotisch und unheimlich
Aussehendes zu essen, zuwider,

hatte ich doch bei Jean Paul Sartre gelesen,
Krustentiere seien von zweifelhaftem
Charakter. Aber ich war in New York und

der junge Mann, den ich dort getroffen hatte,
steckte mir die Serviette unter das Kinn und
gab mir einen Nussknacker für den Panzer.

Ich kam aus Minnesota, war an Seen
mit Bachforellen großgezogen worden. Auch
war ich ebenso roh und ungestalt, wie jene Geschöpfe,

die das Aussehen ihrer Umgebung annehmen.
Der erste Happen war bereits köstlich, der
dritte aber noch viel mehr und seit

jener Zeit war ich ein richtiges New Yorker Girl,
das enge, schwarze Kleider trug und falsche Wimpern,
fähig, mit sämtlichen Krustentieren

klarzukommen, zweifelhafter Charakter hin oder her.

THE WILDEST WORD

The Benedictines had it, they knew
the joys of silence, the illuminating of
manuscripts, the careful diffusion of
esoteria.

The pleasures of abstinence.

Get to a point where you can deny yourself anything
and then you are halfway there, some say.
And poems are made
of love not made.

Emily Dickinson refused
the offered touch and reveled in her own
self abnegation. "The wildest word
consigned to man is No," she wrote.

"You love me best when I refuse."

"Imagined love is better than the real,
and occupies the highest branch of Eden's tree,"
wrote Edna St. Vincent Millay.

"Like fallen fruit, lived love is cheap."

DAS WILDESTE WORT

Die Benediktiner hatten es, sie wussten um
das Glück der Stille, das Illustrieren von
Handschriften, die sorgsame Vermittlung der
Innerlichkeit.

Die Freuden der Enthaltsamkeit.

Bist du soweit, dass du dir selbst alles versagen kannst,
dann hast du es halbwegs geschafft, sagen manche.
Und Gedichte sind aus Liebe
gezeugt, nicht erzeugt.

Emily Dickinson verschloss sich
der erbotenen Berührung und glühte in inniger
Selbstverleugnung. „Das wildeste Wort,
dem Menschen anvertraut, ist Nein", schrieb sie.

„Du liebst mich zutiefst, wenn ich mich verschließe."

„Geistige Liebe ist besser als körperliche,
und sitzt auf dem höchsten Ast des Baums in Eden,"
schrieb Edna St. Vincent Millay.

„Wie Fallobst ist gelebte Liebe billig."

THE TITANIC

So this is how it feels, the deck tilting,
the world slipping away as one
sitting at a desk writes a check.

The Titanic went down titanically
like a goddess glittering,
Pinioned to an iceberg, she sank

almost thankfully while tiny mortals
leapt into the sea
and the band played Nearer My God to Thee.

But what happened to the signals of distress?
Nobody believed it was all really happening.
I still can't believe that it happened to me.

As a child, I stared horrified at the photograph
and the vision of that scene in the moonlit sea.
We will be one of the survivors, we think,
then something looms up like catastrophe.

All life, it seems, is the morning after
and love is the most beautiful of absolute disasters.

DIE TITANIC

So fühlt es sich an, das Oberdeck kippt,
die Welt rutscht weg wie einer,
der am Tisch einen Scheck unterschreibt.

Die Titanic ging titanicmäßig unter,
funkelnd wie eine Göttin.
Gegen einen Eisberg gepresst, sank sie

beinahe dankbar, während winzige Sterbliche
in die See sprangen,
und die Kapelle spielte Näher mein Gott zu dir.

Was aber geschah mit den Notsignalen?
Keiner konnte fassen, dass all dies wirklich geschah.
Ich kann immer noch nicht fassen, dass es mir geschah.

Als Kind starrte ich entsetzt auf die Fotografie und
die Darstellung des Geschehens in der mondbeschienenen See.
Wir werden zu den Überlebenden zählen, glauben wir,
doch schon zeichnet sich so etwas wie eine Katastrophe ab.

Alles Leben, so scheint es, ist der Morgen danach,
und Liebe ist das schönste der absoluten Desaster.

GIRL SCOUT PICNIC, 1954

The parade began and the Bryant Jr. High School band
marched through the streets of Minneapolis
wearing white shirts, blue trousers, playing John Philip Sousa.

Lance, Jack, Sharon and myself on drums,
strapped to our knees so we could play,
arms akimbo, drumsticks held high,

drum rolls, paradiddles, rim shots, flams
while the trumpets groaned and the bystanders
cheered us on in the rain-drenched streets.

The Girl Scouts strutted ahead of us wearing
their green uniforms, berets and badges
waving the Girl Scout flag, and smiling,

We could do anything after this, we felt,
twirling our drumsticks between our fingers
Such joy seems unimaginable until I conjure it.

Not even Wordsworth's memory of
a field of daffodils comes close to it
The picnic later at the Minnehaha Falls Park,

then walking home much later in the dark
still filled with the sounds of it.
To march at thirteen through the streets of Minneapolis

is to ride in triumph through Persepolis.

PICKNICK DER PFADFINDERINNEN, 1954

Die Parade begann, die Kapelle der Bryant Jr. High School
marschierte in weißen Hemden und blauen Hosen
durch die Straßen von Minneapolis und spielte John Philip Sousa.

Lance, Jack, Sharon und ich mit den Trommeln,
wir hatten sie an die Knie geknotet und spielten:
Hände in die Hüfte, Drumsticks in die Höhe,

Drum Rolls, Paradiddles, Rim Shots, Flams,
während die Trompeten schnaubten und die Zuschauer
uns in den regennassen Straßen zujubelten.

Die Pfadfinderinnen stolzierten uns mit ihren grünen
Uniformen, Baretten und Abzeichen voraus,
schwenkten die Pfadfinderinnen-Flagge und strahlten,

Hinterher sind wir zu allem fähig, glaubten wir,
die Trommelstöcke zwischen den Fingern wirbelnd.
Unvorstellbar solche Freude, bis ich sie heraufbeschwöre.

Nicht einmal Wordsworths Erinnerung an
ein Feld mit Osterglocken kommt ihr nahe.
Danach das Picknick im Minnehaha Falls Park,

Und sehr spät erst gingen wir nach Haus, bei Dunkelheit,
noch immer erfüllt von den Klängen.
Mit dreizehn durch die Straßen von Minneapolis zu marschieren

heißt, im Triumphzug durch Persepolis zu reiten.

TO A YOUNG SON

Today I passed your room
and you were slowly quietly
combing your hair.
It was a pleasant, calm moment.
I felt the silence of the room
and could almost hear you growing.
You combed without a mirror,
your eyes distant and pale,
your head slowly nodding
like the head of a stroked animal.

Xerxes the King sent out a spy
who returned to camp, astonished to say
that the Spartans were all stripped to the waist
their bodies gleaming in the Aegean sun
and they were all carefully combing their hair.
The king was afraid then.
The Spartans were preparing to die.

I turn slowly from your doorway
and return to the linen closet where I
will fold this memory in my heart
among everything that is clean and fresh and white.

AN EINEN JUGENDLICHEN SOHN

Ich kam heute an deinem Zimmer vorbei
und du hast dein Haar gekämmt,
langsam und ruhig.
Das war ein angenehm sanfter Moment.
Ich fühlte die Stille des Zimmers
und konnte dich beinahe wachsen hören.
Du kämmtest dich ohne Spiegel,
dein Blick fern und verschleiert,
während dein Kopf langsam nickte,
wie der Kopf eines gestreichelten Tiers.

König Xerxes hatte einen Spion ausgesandt,
der, zurück im Lager, Erstaunliches berichtete:
Alle Spartaner waren nackt bis zur Hüfte,
ihre Körper schimmerten in der Ägäischen Sonne
und alle kämmten sich sorgfältig ihr Haar.
Da fürchtete sich der König.
Die Spartaner bereiteten sich auf den Tod vor.

Ich wende mich langsam ab von deiner Tür
und gehe zurück zum Wäscheschrank, wo ich
diese Erinnerung in mein Herz legen will
zwischen all das, was frisch ist, sauber und weiß.

HENRY JAMES

"Poor Mr. James," Virginia Woolf once said:
"He never quite met the right people."
Poor James. He never quite met the
Children of light and so he had to invent them.
Then, when people said: No one is like that.
Your books are not reality, he replied:

So much the worse for reality.

He described himself as "slow to conclude,
orotund, a slow-moving creature, circling his rooms
slowly masticating his food."

Once, when a nephew asked his advice
on how to live, his searched his mind.
Number One, be kind, he said.
Number Two, be kind and
Number Three, be kind.

HENRY JAMES

„Armer Mr. James", fand einst Virginia Woolf.
„Er traf irgendwie nie die richtigen Leute."
Armer James. Er traf nie wirklich die
Kinder des Lichts, darum musste er sie erfinden.
Als die Leute dann sagten: So jemand existiert nicht.
Ihre Bücher entsprechen nicht der Realität, antwortete er:

Umso schlimmer für die Realität.

So beschrieb er sich selbst: „Entscheidungsschwach,
unüberhörbar, eine durch die Räume schleichende schwerfällige
Kreatur, die langsam ihr Essen zerkaut."

Einst bat ihn ein Neffe um Rat,
wie man leben könne, und er dachte nach.
Erstens, sagte er, sei freundlich.
Zweitens, sei freundlich und
drittens, sei freundlich.

HOLY GHOST

The congregation sang off key.
The priest was rambling.
The paint was peeling in the Sacristy.

A wayward pigeon, trapped in the church,
flew wildly around for a while and then
flew toward a stained glass window,

but it didn't look like reality.

The ushers yawned, the dollar bills
drifted lazily out of the collection baskets
and a child in the front row began to cry.

Suddenly, the pigeon flew down low,
swooping over the heads of the faithful
like the Holy Ghost descending at Pentecost

Everyone took it to be a sign,
Everyone wants so badly to believe.
You can survive anything if you know
that someone is looking out for you,

but the sky outside the stained glass window,
doesn't it look like home?

HEILIGER GEIST

Die Gemeinde sang falsch.
Der Priester schwafelte.
In der Sakristei blätterte die Wandfarbe.

Eine eigensinnige Taube flog, in der Kirche gefangen,
eine Weile lang wild umher und flog dann
gegen eines der Kirchenfenster,

doch es sah nicht aus wie Wirklichkeit.

Die Ältesten gähnten, die Dollarnoten
quollen träge aus den Kollektenkörben
und ein Kind in der ersten Reihe fing an zu schreien.

Plötzlich stieß die Taube tief hinab,
schoß über die Köpfe der Gläubigen hinweg
wie der an Pfingsten erscheinende Heilige Geist.

Ein jeder sah darin ein Zeichen,
ein jeder wünschte so dringend zu glauben.
Alles kannst du überstehen, wenn du weißt,
dass jemand auf dich aufpasst,

aber der Himmel hinter dem Kirchenfenster,
sieht er nicht aus wie Heimat?

MATTHIAS BUTH
Aus Mitteleuropa

MOTZSTRASSE IN BERLIN

Sie ist 1,5 km lang und verläuft vom Ortsteil Wilmersdorf am Prager Platz über den Viktoria-Luise-Platz bis zum Nollendorfplatz im Ortsteil Schöneberg.

Nicht das Motzen gab den Namen sondern der ehemalige preußische Finanzminister Friedrich v. Motz durch Kabinettsorder vom 6. Juli 1870. Der östliche Teil zwischen Nollendorfplatz und Kurfürstenstraße wurde dann 1934 zur Mackensenstraße; August v. Mackenensen war NS-Mann und Förderer Hitlers. Es ist dem bohrenden Elan des Vorsitzenden der Wuppertaler Else Lasker-Schüler-Gesellschaft Hajo Jahn und der couragierten Schauspielerin Angela Winkler zu verdanken, dass dieser Teil der alten Motzstraße seit 1998 den bürgerlichen Namen von Prinz Jussuf von Theben, des schwarzen Jaguars oder mit welchen Namen sich die Elberfelderin sonst kostümierte, trägt. Und das aus gutem Grund: denn Else wohnte von 1924 bis 1933 in dieser Straße, allerdings auf der anderen Seite des Nollendorfplatzes, – wohnte: na ja: in gewisser Weise residierte die arme Dichterin aus dem Tal der Wupper an der Spree. Denn sie lebte in der Nummer 78, im Hotel Kuschel, das nun Sachsenhof heißt (heute Motzstraße 7). Allerdings reduzierte sich das Logieren auf eine Dachkammer: wo ELS war, entstand ein Traumgefilde. Neben ihr im Hotel – auch dem Himmel nah – war Oskar Kokoschka. Eine Gedenktafel erinnert an die Psalmistin aus Elberfeld, die auch in der Brückenallee sowie in der Wieland-, Ludwigkirch-, Uhland-, Katharinen-, Nürnberger-, Kleist- und Humboldtstraße hauste.

Die Winkel und Winde der Motzstraße kennt jeder, der Erich Kästners Kinder-Krimi Emil und die Detektive gelesen oder den Ufa-Film gesehen hat. Der junge Billy Wilder schrieb das Drehbuch. Er wohnte von 1926 bis 1927 am Viktoria-Luise-Platz. Die Bohème Berlins lebte also in der Motzstraße. Und so auch Rudolf Steiner, Vladimir Nabokov, Alfred Döblin, Bert Brecht, Johannes R. Becher, Erwin Piscator, der im Metropol-Theater inszenierte oder Kurt Tucholsky, der die Glosse „Motzstraße 38" schrieb und in dieser Straße ein „Babylon" und „Sodom und Gomorrha" erkannte. Travestie und Homosexualität, Literatur und Libertinage: das alles blühte hier und auch noch heute. Die Straße ist ein offenes Herz geblieben.

Man tauschte sich vor dem 2. Weltkrieg hier aus, sich und die Bücher, die man las und die dort entstanden. Die NS-Vorboten waren auch präsent: in der Nummer 22 hatten sich von 1918 bis 1922 Jungkonservative und Gegner des Versailler Vertrages um Alexander v. Gleichen-Rußwurm zusammengeschlossen; sie gaben das „Gewissen" heraus, eine Zeitschrift, in dessen Nähe auch Thomas Mann geriet, nicht von ungefähr, denn auch er begrüßte 1914 wie viele deutsche und französische Geistkämpfer den 1.Weltkrieg und so schrieb er von 1915 bis 1918 an seinen 600-Seiten-Essay „Betrachtungen eines Unpolitischen", der immer noch irritiert. Aber 1921war er auf neuen Wegen. Ein Besuch in der Redaktion führte zum Zerwürfnis mit dem Abonnenten Mann, wegen Demokratiefreundlichkeit. „Mann über Bord", titelte die Zeitschrift am 23. Oktober 1922.

Als Else Lasker-Schüler diese Straße Berlins bis 1933 als ihren Palast bewohnte, war sie nie allein. Und wo sie war, verzauberte sie sich, um neue Nähen zu erreichen. Die Gedichte halfen ihr dabei und Verleger wie Paul Cassirer. Aber immer auch die Leser ihrer Gedichtbände. Diese wohnten mit ihr in der Motzstraße, wo der Orient begann, der Nahe Osten der Poesie.

BAUDELAIRES JÜNGERER BRUDER
– Stramm, der Soldat –

Dichter sterben nicht, wenn sie denn Dichter sind. Das Dichter-werden bestimmt jeden Lyriker. Arthur Rimbaud wusste es. Denn nie kommt man als Lyriker an. Immer sind es nur Gleise, ausgelegt von Versen, die blank in der Sonne liegen, die Gewicht und Schnelligkeit des Lebens aushalten sollen.

Auch Dichter sind Soldaten. Die besseren führen, führen an, nehmen Verantwortung.

So wie August Stramm. Wie Ernst Jünger? Wohl nicht, auch nicht wie Walter Flex. Stramm war eher mit Charles Baudelaire verwandt, dessen jüngerer Bruder. Der Franzose schrieb in Mon coeur mis à nu XXVI :„Il y`a de grand parmi les hommes que le poète, le prêtre et le soldat, l`homme qui chante, l`homme qui bénit, l`homme qui sacrifie et se sacrifie." Und dann setzte er schneidend hinzu: „Le reste est pour le fouet". Der Rest der Menschen, der nicht Dichter, Priester oder Soldat ist, für die Peitsche (wobei „fouet" auch Geißel bedeutet)! Puh. Wie verachtend. Aber der Fleur du Mal-Dichter erkannte eben nur diese drei „êtres respectables. Diejenigen, die opfern, singen, segnen. Durch Tod, Gebete und Gedichte. Gedichte können zerschlagen, zerschmettern wie Kanonen. Stramm dichtet es uns vor. Ein-Schüsse sind seine Verse von einem „wahrhaft echten Stotterer" (Kasimir Edschmid). Vor allem aber Verse eines orgiastisch Liebenden. „Frauen schreiten ab zersehnte Augen" (in: Traumig), „Winde klatschen / Dein Lachen weht" (in: Angriff), „Sonne Halde flackt und fleckt und flackert / Sonne Halde blumet knosper Tod" (in: Haidekampf) und besonders im Gedicht Triebkrieg: „Augen blitzen / Dein Blick knallt auf / Heiß / Läuft das Bluten über mich / Und / Tränket / Rinnen See…"). Alles Texte aus Tropfblut, eine Sammlung, die erst 1919, also posthum, erschien. Stramm war Hauptmann und am Ende Kommandeur eines Bataillons, das er anführte in den Schlachten bei Radymno und Grodek. 1915 im Mai war das. Da war Georg Trakl schon tot. „Alle

Straßen münden in schwarze Verwesung / Unter goldnem Gezweig der Nacht und Sternen", dichtete der Militärapotheker. Sie kannten sich nicht, aber dichteten doch nicht aneinander vorbei. Die Ukraine war ihr Schwesterland, ohne dass sie es wussten. Soldaten waren sie beide, sich opfernd, in sich verlöschend. Und todgetränkte Verse schrieben sie. Baudelaire hätte beide verstanden. Wahrhafte, respektable Menschen. Stramm griff an. Immer. Im Gedicht und am 1. September 1915: Russische Stellungen am Dnjepr-Bug-Kanal. „Steine feinden… Äste würgen". Er fiel. Weil Soldaten nicht sterben, sie fallen. „…Bursche! In den Feind beißen beißen! Säbel! ha! weich der Vaterbauch. weich. Mutter. wo bist? Mutter. seh dich nicht? Mutter du küßt..Mutter. rauh. halte mich. ich falle doch. Mutter ich falle. Mutter". Das schrieb er 1914 in der Prosaskizze „Der Letzte".

Soldaten fallen, auch Dichter. Diese aber sterben nicht, sie leben weiter – in uns. Wie heute die Dichter auf der Krim, im Donbas, bald in Mariupol (die Stadt Marias), in Syrien, im Irak. Sie bleiben uns nah. Wir dürfen sie nicht allein lassen. Sie leben, sterben und leben für uns mit. Wir Ausgepeitschten sterben immer. Gedichte indes – retten und retten doch nicht. Auch Ungaretti wusste es. Die Unermesslichkeit der Dichtung aber kann erleuchten. Denn wahre Dichtung liebt. Wie das Hohe Lied Salomons.

RUMÄNIEN IST EINE WEICHE HARFE

Manche Länder sind weit weg und doch vertraut. Man war noch nie da und meint trotzdem: kenne ich alles. Und vor allem: die sind so. Die: das sind die anderen. Und das sind die Rumänen. Da hat man doch alle Bilder im Kopf. Und sie stimmen und sie stimmen doch nicht. Rumänien ist nämlich ganz anders, eine weiche Harfe, ein Mittelland zwischen Mittel- und Südosteuropa mit ca. 20 Millionen Menschen. Ein Land in Auflösung oder besser: in permanenter Wanderschaft zwischen den Welten. Und spiegelt so den alten Kontinent und das EU-Europa der 28 Staaten. Seit 2007 gehört Rumänien dazu. Aber schon immer fragte sich der Karpatenstaat zwischen Serbien, Ungarn, Ukraine, der Republik Moldau und Bulgarien, durchzogen von der Donau, die im Delta ins Schwarzen Meer ausläuft: Was bin ich als Land und Nation? Klaus Johannis, der neue Staatspräsident seit 2014 aus der deutschen Minderheit Siebenbürgens, galt lange als Retter, der Rumänien weg von Korruption, Kriminalität, von Securitate-Strukturen und Vetternwirtschaft hin zur demokratisch transparenten Teilhabe und Mitwirkung führen würde. Jetzt verfängt er sich in der Urfrage der östlichen Neudemokratien nach 1989, nämlich in der nach der Idee der Nation. Wer zu sehr nach Orbans Ungarn schaut und die ungarische Minderheit von nicht mal 6,5 Prozent mit dem Nationalisten eines Heiligen Ungarn in Zusammenhang bringt, wird abgestraft. Und greift Johannis ein und entzieht einem der Barrikadenkämpfer des Umsturzes von 1989, der den Diktator Ceausescu hinwegfegte, einen staatlichen Orden. Das ist ganz kleines Karo. – Selbstbewusstsein erfordert Selbstkenntnis. Rumänien ist doch eine offene Welt und ein Binnenmeer an Kulturen und Schönheit im Konzert vieler Volksgruppen, Stimmen und Kompetenzen. Alle wandelten sich und darin das Rumänische, das eben nicht auf einen Begriff zu bringen ist. Wie überall in Europa. Und doch sind die Ethnospießbürger, die Reinheitsapologeten, überall zur Stelle. Die Präsidenten aus den ehemaligen Warschauer-Pakt-Staaten Polen, Ungarn oder Tschechien: alle mauern sich ein – mit nationalen Ideologien, mit Stacheldraht und dem Auswandern nach innen – in die Höhlen des vermeintlich Reinen. Das hat Rumänien aber nicht nötig. Ob das traurig-schöne Mädchen Romania aus einem Märchenbuch entstammt oder von den römischen Dakern gekommen ist, ob die ehemaligen Fürstentümer Walachei und Moldau die Kernlande bilden, ob Slaven oder Roma Spuren ins Herz der Sprachen und Musiken legten - Rumänien hat seit 250 Jahren eine westliche Grandezza und ist mit Deutschland und Frankreich verschwistert. Wer sich auf die Reise macht ins „Paris des Ostens", nach Bukarest, wird an Clara Haskil denken, an die wunderbare Brahms- und Mozartpianistin aus der deutsch-jüdischen Welt Bukarests, die in Paris begraben ist, wird George Enescu mitklingen lassen, der in seinem Leben und Wirken als Komponist, Geiger und Pianist so sehr für das steht, was Rumänien ausmacht. Dessen Oper „König Ödipus" erklärt einem auch das Wanderland Romania. Wer könnte den Dadaismus verstehen ohne Tristan Tzara? Auch vor Herta Müller aus dem Banat gab es bedeutende Literatur aus Rumänien, meist pessimistisch und im Werk von Emil Cioran noch dunkler als die von Nietzsche. Und oft klang Musik durch. „Gott verdankt Johann Sebastian Bach alles." Ein unverschämter, aber genau treffender Satz von Cioran. Dinu Lipatti, der große Schumann-Interpret beendete seine Konzerte immer mit dem Bach-Choral „Jesus, meine Freude". Und in den 150 Kirchenburgen Siebenbürgens – sieben gehören zum UNESCO-Weltkulturerbe – leben die Sauer- und Buchholz-Orgeln aus Deutschland weiter und so die Psalmen Davids auf bestickten Tüchern, die an den Kanzeln wehen. Rumänien gehört immer noch nicht zum freizügigen Schengen-Raum und ist in sich selbst gefesselt, aber es ist eines der schönsten Länder Europas, durch das die Seelenachse des Exils verläuft. Sie beginnt in Tomis, in der Stadt, in die der römische Dichter Ovid verbannt wurde. Die Stadt am Schwarzen Meer heißt heute Constanţa. Im nächsten Jahr, wenn Deutschland 500 Jahre zurück nach Wittenberg schaut, Russland 100 Jahre nach Sankt Petersburg, blickt Rumänien auf die Stadt Ovids. Vor 2000 Jahren starb er dort. Jesus Christus war fast noch ein Kind. Das Zentrum für verfolgte Künste aus Solingen (wo Eichmann geboren wurde) will zusammen mit der Ovid-Universität Constanța und der Deutschen Welle sowie dem PEN-Zentrum Deutschland viele Dichter und Denker aus vielen Ländern dorthin einladen, um die Freiheit des Wortes mit der Literatur als Existenzraum zu erörtern. Die Schwarzmeerstadt war 1941 Ausgangsort für die Flucht nach Palästina. Nur wenige schafften es zum rettenden Exil. 200.000 jüdische Mitbürger aus Rumänien verloren in der Shoa ihr Leben, denn Rumäniens Eiserne Garde kooperierte mit den Nazis. Und die rumänische Armee rivalisierte mit dieser Garde: Faschisten gegen Faschisten. „Der Tod ist ein Meister aus Deutschland" dichtete aus dem (damals) rumänischen Czernowitz Paul Celan. Auch er starb im Exil, 1970 in Paris. Und die Securitate, Rumäniens Geheimpolizei, organisierte nach dem Krieg den Exodus von 250.000 jüdischen Rumänen nach Palästina und nach Israel. Gegen Geld. Menschenkauf, wie Radu Ioanid soeben nachwies. Gedächtnis und Melancholie, Klang und Klage – das intoniert Rumänien. Und dort hat Dichtung eine Heimat. „Europa hat die Form meines Gehirns", schreibt der 1956 in Bukarest geborene Romancier Mircea Cartarescu. Auch für ihn ist Ovid ein Fluchtpunkt; für die ARS AMATORIA, in der Gedichte Geliebte sind.

BÖHMEN IM EUROPÄISCHEN MEER

Und jetzt wieder Habsburg? Die Wahl des österreichischen Bundespräsidenten am 22. Mai wird nicht nur die Alpenrepublik verändern. Und nicht nur, weil sie am 2. Oktober 2016 nach erfolgreicher Wahlanfechtung vor dem Wiener Verfassungsgericht wiederholt werden muss. Bundeskanzler Faymann hatte zusammen mit seiner Innenministerin Mikl-Leitner die Balkanroute geschlossen. Damit kam ein Begriff wieder ins Gespräch, den manche für immer verschlossen meinten: Kakanien als Balkan-Europa. Die Geschichte stellt immer Fragen an die Gegenwart und so auch in Österreichs und Deutschlands Nachbarn Tschechien. Als die AfD bei den Landtagswahlen vom März als dritte Kraft mit Anspruch auf Volkspartei in Erscheinung trat und in den bundesweiten Umfragen mit 15% nur noch 5% Punkte hinter den SPD liegt, wusste die Bundeskanzlerin die Antwort: „Europa". Mehr Europa wagen, frei nach Willy Brandt, war gemeint. Das empfinden manche eher als eine Drohung. Viele Beobachter sehen nun ein Gespenst durch den Kontinent ziehen: Den Nationalstaat als Gegenmodell zu den Vereinigten Staaten von Europa. Wenn wir Deutsche das schöne Wort „Wintermärchen" hören, denken wir an Heine, an Deutschland und sind um den Schlaf gebracht. Die Komödie von Shakespeare „Ein Wintermärchen" poetisierte aber schon vor 400 Jahren unsere böhmischen Nachbarn als „A desert country near the sea". Hätten die Dichter doch Recht und ließe sich auch Böhmen ans Meer wünschen. „Kommt her, ihr Böhmen alle, Seefahrer, Hafenhuren und Schiffe unverankert. Wollt ihr nicht böhmisch sein, Illyrer, Veroneser, und Venezianer alle." So dichtete sich die Österreicherin Ingeborg Bachmann ins Land der Worte und „begnadigte" Böhmen ans Wasser, ans Meer. Doch die Gegenwart ist ganz anders. Aus der Wiener Hofburg werden wir keine Poesie hören und aus Prag wohl auch nicht. Der damalige tschechische Dichter und Botschafter und Minister Jiri Gruša erkannte in seinen „Gebrauchsanweisungen für Tschechien und Prag", dass kein Jahrhundert vergangen sei, ohne „dass uns nicht jemand ungeladen einige Male heimgesucht hätte: mit irgendeiner unvollständigen Botschaft. Wir hatten auf viele Wahrheiten zu schwören". Es gehört zu den politischen Wundern, dass die Sudetendeutsche Landsmannschaft einen Ausgleich mit Prag gefunden hat. Sie verzichtete auf Rückkehr und Entschädigung. Über 70 Jahre nach der Vertreibung der 3,5 Millionen Deutschen. Ich erinnere mich noch sehr gut daran, dass der historische Tatbestand dieser „Vertreibung" der Tschechischen Republik 1997 bei der Deutsch-Tschechischen Erklärung genauso wenig möglich war wie heute Erdogans Türkei die Einsicht, 1915 an den Armeniern „Völkermord" begangen zu haben. Beide Begriffe verletzen den nationalen Mythos. Denn Unrecht: das begehen immer nur die anderen. Staatspräsident Zeman hält wie viele andere nach wie vor an dem Begriff „Odsun" fest in Exekution der Dekrete von Edvard Beneš. Odsun heißt aber lediglich Abschiebung und ist eine Camouflage der wirklichen Geschehnisse. Darüber kann die Geschichte hinweggehen, wenn nicht Präsident Zeman wie seine Brüder im Geiste Kaczynski und Orban von der Idee eines ethnisch-homogenen, eines cleanen Nationenbegriffs durchweht wäre. Die Menschen in Böhmen und Mähren fühlen sich durch Russland bedroht nach Putins Annexion der Krim und ebenso durch die kulturelle und wirtschaftliche Potenz von Österreich und Deutschland. Die AfD hat auf ihrem Programmparteitag die „Vereinigten Staaten von Europa" als politische Idee abgelehnt. Das sehen viele so. Und es ist kein Wunder, dass die AfD plötzlich Ableger bei unserem Nachbarn bekommt. Eine „Alternative für Tschechien" ist in Vorbereitung. Die Bundesrepublik hat sich durch die Präambel und durch Art. 23 GG klar für die politische Union, aber nicht für die Vereinigten Staaten von Europa ausgesprochen. Das ist eben staats- und völkerrechtlich dasselbe. Die Vorstellungen des französischen Staatspräsidenten Charles de Gaulle von einem „Europa der Vaterländer" sind inzwischen zu einem rechtsextremen Code degeneriert. Vaterland, Patria: das ist was für Ledernacken und Stiefelträger. Wolfgang Schäuble kennt aber noch die Idee von de Gaulle, spricht aber lieber von einem „Kerneuropa" unter Einschluss Frankreichs, Deutschlands und der

Benelux-Länder. Der Brexit vom Juni 2016 lässt de Gaulle wieder moderner werden. Die Menschen aus Syrien und Afrika stellen die Frage nach unserem Selbstverständnis und so von zwei griechischen Worten, die uns zusammensetzen, nämlich Demos und Kratein, also von Volksherrschaft. Den Begriff der Nation den Orbans und Zemans Europas zu überlassen oder im Zeitschriften-Tumult Sloterdijk und anderen die intellektuelle Kompetenz und Redlichkeit abzusprechen, zeigt nur, wie sehr wir noch am Anfang stehen. Nation war nie homogener Begriff. Der Rechtsstaat kann nur funktionieren in Grenzen, welche die Souveränität des Rechts und die Anima von Geist und Geschichte nach innen und außen setzen.

Das Meer gehört zu Deutschland ebenso wie zu Tschechien. Böhmen am Meer ist ein Bild der Dichter. „Und glaub ich noch ans Meer, so hoffe ich aufs Land". Wir brauchen mehr Bachmann, mehr Kafka und weniger Angst vor uns und anderen.

DEUTSCHLANDS EUROPA
– Was wird aus uns? –

„Ist der Staat Zweck oder der Mensch in ihm?"

Diese Frage stellte Ludwig Börne zu Beginn des 19. Jahrhunderts in Erörterung von Pascal und Montesquieu. Der Leitstrahl seiner Überlegungen war die Freiheit. Wie ist diese zu erreichen, zu begründen. Er brachte es auf die Formel „Freiheit geht nur aus der Anarchie hervor."

Viele, die den Austritt Groß-Britanniens aus der Europäischen Union herbeiwünschten, würden diesem Diktum Börnes zustimmen. Es muss was passieren, damit was passiert, sagten sie und offenbarten einen oft verdeckten oder verheimlichten Anarchismus. Es muss alles neu anfangen, damit wir uns wiederfinden. So geht es nicht weiter, fügen sie dann an. Das sind Empfindungen, die alle in uns sind, aber eher psychologische Erklärungen verlangen als politische Begründungen. Und jetzt ist die Situation da, würde Konrad Adenauer sagen. Die Briten haben uns verlassen und bald wird Groß-Britannien ein Klein-Britannien sein, denn die Schotten wollen die EU und deshalb weg von London. Die Abstimmung darüber wird die Landkarte Europas verändern, wieder einmal. Und aus anderen Regionen könnten auch bald Staaten entstehen: Katalonien, Baskenland, Wallonien, Flandern, Korsika oder gar Süd-Tirol werden nicht nur Fragen stellen.

Was kann das Prinzip sein, um die Auflösung der EU und die Zersplitterung in Kleinstaaten und die nationalen Reinheitsideologien mancher Politiker aufzuhalten, den Wunsch, zu zerschlagen, damit etwas wieder ganz neu beginne? Wir Deutsche wissen nicht alles von der Welt, aber eines haben wir aus der Geschichte gelernt: den demokratischen Rechtsstaat. Er ist das Kostbarste, war uns geschenkt worden ist, nach zwei Weltkriegen und dem Völkermord mit Namen Shoa. Nur der Rechtsstaat kann uns vor uns selbst retten und uns nach innen und außen dialogfähig halten. Adenauer wollte die europäische Einigung für Deutschland nicht nur aus ökonomischen und machtpolitischen Begründungen, sondern er wusste, dass das deutsche Volk vor seinen eigenen fragwürdige „Traditionsbeständen" geschützt werden müsse, vor antiwestlichem und antidemokratischem Denken, wie unlängst Werner Weidenfeld in der FAZ erinnerte.

Der Staat, der Rechtsstaat, der freiheitlich demokratische Rechts- und Verfassungsstaat kann sich nur dann als Ordnungsprinzip gegen das Chaos Wirkung entfalten, wenn er vom Zugehörigkeitsgefühl und vom politischen Vertrauen seiner Staatsbürger getragen ist. Und genau daran fehlt es. Die repräsentative Demokratie bedarf essentiell der Begriffe Demos und Kratein. Wenn sich diese Volksherrschaft in eine Elitenherrschaft wandelt, in Oligarchien und gar nichtstaatliche Ökonomiestrukturen ihn verwässern und in Frage stellen, entstehen Gegenstrukturen. Dann wird der demokratische Staat unterlaufen. Er verliert an rechtlicher Legitimation und emotionaler Legitimität. Das Entstehen und Agieren der AfD ist Ausdruck der Sinnkrise vieler Menschen in Deutschland. Und deren Denken reicht weit hinein in die Untergliederungen aller im Bundestag und in den Länderparlamenten tätigen Parteien. Dieses Denken reduziert sich nicht auf Stiefelträger oder Ledernacken, denn es siedelt eben nicht am Rande des deutschen Volkes.

Nicht nur in Deutschland, sondern in vielen Staaten der EU geht die Angst um, an Wahrnehmbarkeit zu verlieren. Die rasante Globalisierung und unüberschaubar digitalisierte Welt verstärken diese Entwicklung. Der Wanderungswunsch aus den Staaten von Afrika und Arabien wird bleiben. Barmherzigkeit ist ein Ausdruck von persönlicher Mitmenschlichkeit. Staaten haben aber die Rechtsordnung zu verteidigen, weiterzuentwickeln und die Einheit nach innen und außen zu wahren. Nicht nur die Mehrheit der Briten fühlt sich bedrängt. An staatlicher Identität und Handlungsfähigkeit zu verlieren, befürchten sehr viele. Für ein Referendum über die Mitgliedschaft in der EU sind in Italien 58 %, in Frankreich 55 % in Polen 41 % und in Deutschland 40 %. Nach dem Brexit werden diese Zahlen steigen. Und nicht nur Griechen (68 %), sondern auch viele in anderen Staaten (von 39 bis 47 % der jeweiligen Wahlvölker) wollen, dass die Staaten Kompetenzen von Brüssel zurückerhalten. Der Brexit wird wie eine politische Lawine wirken.

Und was ist die Antwort aus Berlin? Ein reflexartiges „Noch mehr Europa". Die SPD reduziert sich, wenn sie nun auf staatlichen Dirigismus in der Wirtschaft setzt und in einem 10-Punkte-Papier eine flotte Flexibilisierung der EU-Wirtschaft verlangt, war sie ja schon immer für Euro-Bonds, mit denen Deutschland die anderen Staaten finanzieren sollte. Bundeskanzlerin Merkel erklärte am 24. Juni u.a, dass die EU „eine einzigartige Solidar- und Wertegemeinschaft" sei, die Frieden, Wohlstand und Stabilität garantiere.

Das ist politisches Design, welches weder den Kern trifft noch die Verunsicherung aufhebt. Als hätten die Regierungseliten Europa nur nicht richtig erklärt, als sei ein Kommunikationsdefizit der Auslöser für das Desaster. Dem ist nicht so.

Wir müssen vielmehr damit beginnen, auf uns selbst zuzugehen, und das große Wir, das Angela Merkel am 4. September 2015 zum Axiom erhoben hat in dem Satz „Wir schaffen das", ausleuchten und mit Geist und Sprache auffüllen. Wir müssen uns zu uns selbst integrieren.

Vom Vertrag von Maastricht von 1992 bis zur sog. EU-Verfassung von Lissabon hat die Brüsseler Administration an Kompetenzen gewonnen. Man sprach zwar von der „immer engeren Union der Völker", der Bürger blieb aber auf der Strecke. Dieser will aber erst mal Deutscher, Franzose, Pole, Österreicher oder Spanier sein und erst dann EU-Bürger. Das EU-Volk gibt es nicht und wird es nicht geben (können). Und deshalb kann es nie die Legitimationsgrundlage für die Wahl einer demokratisch berechtigten Regierung geben. Dass die Franzosen und Niederländer den sog. EU-Verfassungsvertrag abgelehnt haben, ist schon fast vergessen und erst recht, dass die Bundesregierung sich politisch nicht traute, diesen dem deutschen Volk zur Abstimmung vorzulegen.

Die Marginalisierung der EU-Mitgliedsstaaten wird nunmehr nicht mehr hingenommen. Wenn Polen nun einen neuen EU-Vertrag verlangt, spricht es nur das aus, was andere auch wollen. Auch die Österreicher werden nach der Wiederholung der Präsidentenwahl einer solchen Forderung politisch mehr Nachdruck geben.

Und wir in Deutschland sollten uns auf unsere Verfassungsprinzipien besinnen und deutlich machen, dass der sog. Europa-Artikel 23 GG eben nicht den Auftrag enthält, sich als Teil der Vereinigten Staaten von Europa zu verlieren. Die sog. Ewigkeitsgarantie des Artikel 79 Abs. 3 GG verhindert die Erfüllung dieses politischen Wunsches. Wenn Minister wie Ursula von der Leyen und Wolfgang Schäuble von den Vereinigten Staaten von Europa sprechen, übersehen sie unsere Verfassungswirklichkeit und verkennen, dass es ein Volk der EU nicht gibt und geben wird. Manchmal gibt auch das Fernsehen ein Blick frei in den politischen Abgrund. So am Sonntag, den 26. Juni bei „Anne Will": Die Moderatorin hielt Bundesministerin von der Leyen deren politische Forderung nach den „Vereinigten Staaten von Europa" vor und fragte, ob sie daran festhalte. Und was war die Antwort nach peinlichem Hin- und Herschwurbeln? Eigentlich ja, aber sie verwende den Begriff „Vereinigte Staaten von Europa" nicht mehr, denn das sei ja ein „Totschlagargument" für ihre politischen Gegner. Das verschlägt einem die Sprache!

Dass die Probleme der Welt, ob in Europa oder auf anderen Kontinenten, nur in Kooperation und Austausch lösbar sind, ist eine Binsenweisheit und nicht geeignet, einen Antagonismus zwischen den Staaten bzw. Nationen und Europa herzustellen.

Wir sind das Volk. Das ist keine rechte Parole, sondern eine der Freiheits-Revolution von 1989, die sich mit derjenigen von 1848 und der Paulskirchen-Verfassung verbindet. Wir müssen aber endlich damit beginnen, eine moderne Fassung des Begriffs Staatsvolk – geschlitten von den Grundsätzen der Grundgesetzes – zu ermitteln, eine, welche die Erkenntnis aufnimmt, dass 150 Ethnien in Deutschland leben und das deutsche Volk ausmachen. Und dass von jedem Staatsbürger die Unterwerfung unter das Recht nicht nur verlangt wird, sondern dass es Voraussetzung und Lebensprinzip des modernen Rechtsstaats ist. Ohne religiös motivierte Ausnahmen. Denn die Freiheit zur Religionswahl und -praxis gehört zu Deutschland.

Wenn die Bundeskanzlerin sogleich die Gründerstaaten der damaligen EWG – Frankreich, Italien, Niederlande, Belgien und Luxemburg – nach Berlin einlud, um Folgerungen aus dem EU-Austritt Groß-Britanniens zu ziehen, zeigt dies, dass Deutschland Verantwortung beansprucht und dass die resteuropäischen Staaten den Nukleus für ein neues Europa bilden wollen. Dieser wird dann de Gaulles' Vorstellung eines „Europa der Vaterländer" nicht mehr fern sein.

Ein solches Europa nicht der AfD-Semantik zu überlassen, sondern in die Sprache einer wirklichen Bürgerpolitik zu übernehmen, ist das Gebot der Stunde. Wo bleiben die Schriftsteller, Musiker und Künstler, die Intellektuellen in Wissenschaft und Kultur? Erwarten sie etwa, dass die Bundesregierung sie einlädt, sich zu äußern? Was wäre das für ein Verständnis vom Bürgerstaat?

Wir können uns Demagogen wie Boris Johnson, der meint, die EU sei ein Eroberungsprinzip in der Nachfolge von Napoleon und Hitler, entgegenstellen, wir können ihn auch für abseitig halten, ignorieren sollten wir solche Stimmen aber nicht. Und ebenso nicht Neu-Kalifen wie Erdogan, für den Geschichtstatsachen staatliche Mythen berühren, die der NS-Blut-und-Boden-Ideologie verwandt sind. Wir müssen vielmehr stets die Gegenwart der Geschichte und ihre Inbesitznahme für politische Ansprüche ins Kalkül ziehen – bei uns und bei anderen.

Deutschland, ein Wort aus dem Ausland?

Nur eines für Fußballturniere oder doch des „Glückes Unterpfand"?

Dann nämlich, wenn wir „Einigkeit und Recht und Freiheit" zu einem Dreiklang machen, der versöhnt und in die Welt schauen lässt.

Dann ist der Staat der Zweck des Menschen, gibt mitmenschliche Nähe und bewahrt vor Anarchie.

Börne kann uns Ratgeber sein. Und er setzte auf die Literatur. Denn diese – schrieb er 1836 – achte weder Schlagbäume noch Grenzsteine der Völker, sondern hebe sich über Gesetze, Verträge, Hass und Vorurteilen empor. Ein solches Europa wäre ein Europa des Geistes. Das wollte Voltaire, als er von der „europäischen Republik" schrieb.

Diese europäische Republik von Geist und Welt zu skizzieren ist die Anstrengung aller wert.

Jetzt ist die Situation da.

MICHAEL GORMANN-THELEN
Briefliche Leibesinseln des Vigoleis +
Zu einem unerhörten Briefcorpus

Die öffentlichen Jubilationen aus Anlass des 50. Jahrestages des Erscheinens von Günther Grass' Blechtrommel 2009, sodann die Trauerfeierlichkeiten zum Tode dieses Staats- und Parteidichters, jüngst dann die Publikation von dessen letzten Reminiszenzen Vonne Endlichkait haben dreimal im Schweigen übergangen, dass schon 1953 ein sprachlich, literarisch und historisch unvergleichlich bedeutsamerer Roman erschienen war: Die Insel des zweiten Gesichts. Bekannt bleibt er bis heute zu wenig. Man braucht aber beide nicht gegeneinander ausspielen, wie es oft geschieht, vielmehr gilt es, sie als Brennpunkte einer Ellipse dessen wahrzunehmen, was der deutschsprachigen Literatur der Nachkriegszeit an Aufstieg, Fall und Nachleben des Nationalsozialismus wahrzunehmen möglich bzw. unmöglich war. Hier die Danziger Perspektive des Zwergen und Blechtrommlers Oskar Matzerath. Dort das „Memorial" eines doppelgängerischen fortlaufend in die Flucht Geschlagenen, nämlich die „angewandten Erinnerungen" des Albert Thelen (1903-1989) und seines literarischen Doppelgängers Vigoleis. Nicht vergesssen zu erwähnen sei der Beitrag seiner Frau Beatrice, „die 52-jährige Begleiterin am Wort".

Bei der im allerletzt möglichen Moment (19.8.1936) geflohenen und von Franco verheerten Insel handelt es sich um Mallorca, die sich „die Goldene" nennt. Mit der heutigen hat sie nichts mehr zu tun, ausser dass ihre Zugrunderichtung unter dem Nationalsozialismus begann, dessen „Kraft durch Freude"-Kreuzfahrten sie entdeckten. Die spätere massentouristische Erschliessung Mallorcas folgt jenen Kielwassern. Dies ist kaum mehr bekannt. Auch ein Grund, Die Insel des zweiten Gesichts dieses „Prallerzählers" (so Eckhard Henscheid) zu lesen oder für sich als goldene zu entdecken. Der Erzschelm Vigoleis verdingte sich damals als Touristenführer solcher Kraft-durch-Freude-Fahrer. Wie dieser als Touristen-"Führer" aus seinem Anti-NS-Herzen keine Mördergrube machte, so dass den KdFlern das Lachen buchstäblich im Halse stecken blieb, bildet einen Höhepunkt dieser „angewandten" Erinnerungen. Die goldene Insel war damals ein Eiland, auf das viele Verfolgte vor den heraufziehenden Unzeiten flüchteten. So auch, neben Harry Graf Kessler, dessen Memoiren seit kurzem Furore machten (Thelen fungierte zeitweilig als Sekretär dieses „gewaltigen Philosophen und Erzsäufers"), der französische, kritisch katholische Schriftsteller Georges Bernanos („Die grossen Friedhöfe unter dem Mond"), aber eben auch der niederrheinische, aus Süchteln (heute Viersen eingemeindet) herkünftige Thelen.

Die Enge katholischer Familienverhältnisse am Niederrhein („ich bin für diese Leute, wie 99% auch für euch, nach wie vor die fehlgeburt der familie und so etwas wie ein schwarzer fleck, für den sich bis jetzt noch kein fleckenwasser probat erwiesen hat"), vergebliche Mühen im deutschen Literaturbetrieb als Übersetzer modernster niederländischer Literatur Fuss zu fassen, das überscharfe Lesen der Zeichen der Zeit von NS-Führertum und von diesem betriebenen Völkermord liessen Albert Vigoleis Thelen und seine schweizerische Frau Beatrice über den Umweg von Amsterdam und der Schweiz 1931 Zuflucht (Exil und Asyl) auf Mallorca finden. Am tollsten im höchst bescheidenen Zimmer eines, wie sich schnell heraushörte, umtriebigen „Freudenhauses". Diese Insel des zweiten Gehörs war gleichzeitig ein „Irrenhaus". Von dieser Zeit zwischen 1931 bis 1936, als die Frankisten und ihre deutschen NS- und Gestapo-Helfer Mallorca übernahmen, und vor denen die Thelens im allerletzten Augenblick (sie standen schon auf der Liste der zu liquidierenden Personen) die Insel verlassen konnten (viele andere, auch deutsche Juden, nicht), berichten diese „angewandten Erinnerungen", in denen sich diese zeitgenössischen und kommenden Unzeiten hintergründig und aberwitzig spiegeln und darin auch schon die Wahrnehmungsverweigerung der bundesdeutschen Nachkriegsgesellschaft vorausartikulieren.

Die Insel erschien am 1. November 1953, kurz zuvor, im Oktober 1953, fand in Bebenhausen bei Tübingen die Herbsttagung der Gruppe 47 statt, zu der Thelen von Hans Werner Richter („ich möchte der Ludwig Erhard der Literatur werden"!) auf Hinweis eines niederländischen Autoren und Journalisten eingeladen wurde, aus dem Manuskript vorzulesen. Hans Werner Richter liess dann sein Urteil in bundesdeutscher Fallbeilverschärfung fallen: „Emigrantendeutsch!" Wenige protestierten, so Joachim Kaiser und Ingeborg Bachmann, auch Paul Celan. Die Thelens und ihr Verleger flohen einmal mehr sofort Deutschland – auf Nimmerwiedersehen. Dieses „ich lebe 'haarscharf' am Strick vorbei" wollte man sich nicht noch einmal gefallen lassen! Erst wieder zurück nach Amsterdam, wo sie von 1947 bis 1956 lebten, danach in die Schweiz, oberhalb von Locarno. Höchst armselig in reicher Umgebung. Bebenhausen bildete in Thelen ein Erschütterungstrauma, in welchem sich das von 1933 und was folgte wiederholte. Auch davon handelt hellsichtig Die Insel. Ein weiteres zweites Gesicht.

All dieses und noch viel mehr dokumentiert die Auswahl von Briefen des Albert Vigoleis Thelen, die 2010 unter dem Titel Meine Heimat bin ich selbst. Briefe 1929 – 1953, herausgegeben von Ulrich Faure und Jürgen Pütz, im Verlag Dumont, Köln, erschienen sind. Zwei weitere Bände zu den Zeiten 1954 – 1977 und 1978 – 1989 sollen folgen. «Sollten» muss man sagen, leider. Da dieser erste Band wohl die verlegerischen Erwartungen nicht erfüllte, wurde von der Veröffentlichung der weiteren Bände Abstand genommen. So gewinnt dieser erste Band nunmehr offener Zählung eine ungeahnte, eben antiquarische Nobilitierung.

Es handelt sich um eine Auswahl ausschliesslich von Thelen geschriebener Briefe. Leider, muss man sagen, aber Thelen soll, so die Herausgeber, „geschätzte 15000 Briefe" geschrieben haben. Solche wurden ausgewählt, die mit der Biographie Thelens, seines Werkes und mit Zeitgeschichte zu tun haben. Auch wenn man bedauert, dass nur eine „repräsentative" Auswahl möglich war („Wo wäre der Verlag, der eine mindestens zehnbändige Thelen-Briefausgabe riskierte?"), und dass leider keine Briefe an Thelen aufgenommen wurden, sind diese ersten 287 Briefe des Lesens, ja des Vorlesens, wert. Da hochvergnüglich. Vollen politischen, literarischen, verlegerischen und politischen Scharfsinns. Aber auch voller Nachrichten von den erbärmlichen Umständen, unter denen die Thelens – und nicht nur sie! – zu überleben gezwungen wurden. Dass sie überlebten, dass sie den Sprachstrom des Deutschen – wie viele andere Emigranten, namhafte und namenlose, auch; ganz zu schweigen von den Opfern unerhört – vor dem Nationalsozialismus retteten (er nennt es „verschollenes Sprachgut, das ich mir wieder zu muten erlaube"), dieses begrub man unter jenem unseligen, unvergebbaren „kommunikativen Beschweigen" (Hermann Lübbe unseligen Angedenkens) dessen, was man dann Vergangenheitsbewältigung nennen sollte. Gegen dieses bundesdeutsche Hinterrücksdogma von Geschichtsentsorgung legen Thelens Leben, Werk, Sprache und gerade diese Briefe allerschärfsten Einspruch ein: „24 stunden nach der Machtergreifung erklärten wir dem dritten reich den krieg."

Diese Briefe sind bewegende Zeugnisse. Der grosse Sprachwiderständler Thelen nennt es „Augenzeugenschaftliches". Diese Briefe bezeugen „nackte Wirklichkeit" und artikulieren sich selbst als eine über die deutsche Misere triumphierende „Phantasiemaschine". Oder Vigoleis'sch: „...wenn ich sterbe, kriegt jeder frei, so lange er will." Hoffentlich nicht erst dann werden diese Briefe gelesen. Oder mit den Worten des Briefschreibers: „mein Nachlass erscheint noch zu meinen Lebzeiten" – „sonst kommen wieder die Lemuren".

Jeder dieser Briefe ist eine Vivisektion am offenen Herzen der „interimsperiode[n] innerdeutscher Impossibilität". Zuerst die wenigen innerdeutschen Briefe bis 1931, dann die wenigen von Mallorca 1931 bis 1936, sodann diejenigen aus dem ersten Exil in der Schweiz und

Amsterdam 1936 bis 1939. Es folgen die aus Portugal, wo die Thelens auf dem Gut des letzten christlichen iberischen Mystikers der „Gottlosigkeit Gottes", des Teixeira de Pascoaes (1877-1952), nach einer „geweisten Flucht" Asyl (Exil als „Entohnigung") fanden. Thelen, den das Werk dieses Mystikers zuerst in einer Buchhandlung in Barcelona (dort auch heirateten die Thelens) gefunden hatte, übersetzte kongenial einige Werke dieses iberischen Dichters (ein grosser Erfolg in den Niederlanden, ein grosser Misserfolg in Deutschland), in dem er dessen überragenden Genius (der Antipode F. Pessoas) anerkannte und dessen Biographie er schreiben wollte.* Sieben Jahre währte ihr portugiesisches Exil, aus dem sehr schöne ausführliche und ans Herz gehende Briefe an die Familie in Süchteln (später in Krefeld) und an Freunde gingen. Allein dieser Briefe wegen, von denen nicht wenige würdig wären, in Walter Benjamins Deutsche Menschen aufgenommen zu werden, muss man diese Briefe lesen. Sie als Hörbuch zu Gehör zu bringen, wäre geradezu patriotische Pflicht. Selbstredend im Vigoleis'schen Sinne!

Als sie nach 1947 Portugal verliessen, waren sie staatenlos geworden. Exile kumulativ, Fortsetzung ihrer Unzeitgenossenschaft. Sie gingen wieder nach Amsterdam, wo Thelen früh schon Kontakte mit Schriftstellern und Freundschaften hatte knüpfen können. Bis 1941 überlebte Thelen finanziell, weil er in der Zeitung Het Vaterland Besprechungen deutscher Literatur publizieren konnte.**

Diese Amsterdamer Jahre – nach Mallorca und nach Portugal – sind der dritte literarische Lebensort. Dort schrieb Thelen Die Insel des zweiten Gesichts; dort schrieb er auch 1956 seinen zweiten Roman Der schwarze Herr Bahßetup, der in der bundesdeutschen literarischen Szene nur ein peinliches Schweigen hervorzurufen vermochte. Zu unrecht.*** 1956 übersiedelten die Thelens nach Locarno in die Schweiz, wo sie in einem Pförtnerhäuschen einer mexikanischen Millionärin Unterschlupf fanden und einmal mehr überlebten. Davon hätten viele weitere Briefe berichten können. Hätten! Aber die Lauscher an der deutschen Wand, hören ihre eigene …

So zum Beispiel empfinden die Thelens ihre „aktenmässige repatriierung" am 7. Juni 1951, eine Zwangsmassnahme (da ungefragt, also verfügt) der Bundesrepublik Deutschland. „Unsere staatenlosigkeit nimmt nun ein ruhmloses ende. Wir werden gegen unseren willen wieder untertanen des deutschen reiches, das sich zwar heute anders nennt, aber doch dasselbe geblieben ist, die aufenthaltsgenehmigung ist nur für drei monate [von den Niederlanden] verlängert worden; bis dahin muss die eingliederung in den deutschen staatsverband erfolgt sein." Die deutschen wie die niederländischen Behörden sprechen, als sei nichts geschehen: „Die Herrschenden", so Thelen, „haben beschlossen, dass alle staatenlosen deutscher herkunft wieder ihre frühere [sic!] staatsangehörigkeit annehmen müssen …" Daraufhin lässt Thelen eine schwarz umrandete Visitenkarte drucken, in der Mitte sein Name, darunter „Mussdeutscher aber kein Musterdeutscher".

Dieser erste Band von Briefen des Albert Vigoleis Thelen endet mit der Publikation der Insel des zweiten Gesichts, also mit dem Jahre 1953, und mit der Aufnahme, die dieses Werk in der westdeutschen Öffentlichkeit erfuhr. Thelen, der „Sprachschwelger" (Jürgen Pütz), so hoch bejubelt er auf kurze Zeit wurde, wurde einmal mehr um seine Entlohnung geprellt. Thelen und das Geld. Immer „bettelarm" oder „bankerott auf der ganzen Linie". Je schöner die Briefe, desto mehr sass „das Messer an der Kehle".

„Mir geht es leidlich, ich habe viel zu tun, leider nur literarisches, was nichts oder kaum etwas einbringt. Immer wieder ertappe ich mich dabei, lieber ein schuster geworden zu sein, als das undefinierbare, was ich nun bin. Gestern fragte mich der gemüsemann, was ich sei. Er habe von frauen gehört, ich schriebe. Da bleibt mir nur das stottern einem so braven menschen gegenüber, der dann noch in seiner Verblendung glaubt, er sei was minderwertiges, weil er nur grünzeug verkauft. Ich denke das meinige dabei, auch an den grünen zweig, auf den ich doch nicht gekommen bin, auch nicht auf denselben rutsche, wenn zum beispiel meine gedichte herausgegeben werden. Man bleibt der lose vogel, der über den zweigen schwebend singt, eine zweifelhafte figur im bürgerlichen weltganzen und zweifelsohne eine, die man lieber nicht wäre. Man ist sich selbst suspekt."

Nahezu mit Thelens Tod brach das digitale Zeitalter an. Jahr um Jahr nunmehr entfernen sich uns Zeitgenossen die Zeiten handschriftlicher Briefe als Leibesinseln eines Autors um immer ungeahntere Zeiten. Wir werden zu Zeitungenossen solcher Briefzeugnisse! Um so wichtiger werden diese, damit wir nicht zu Unzeitgenossen unserer selbst werden! Solche Briefe weisen uns auf andere Kontaktbahnen als die heute und künftig allein zählenden medial-technologischen. So gewinnen diese einzigartigen Briefe selbst die Eigenschaft ihres Sprachwiderständlers. Allein zeugt davon der Sprachreichtum des Deutschen dieser ihren Zeiten «stiebitzten» Widerworte.

Es wäre sehr zu wünschen, dass sich ein Mäzen für weitere Ausgaben Thelen'scher Briefe fände. Bis es soweit kommt, bleiben nur nachfragendes Aufbegehren und crowd funding?

* Fragmente dieser Biographie finden sich in der „Insel". Eine kleine kunstvolle Biografie findet sich in dem leider nicht mehr lieferbaren Thelen-Reader „Sie tanzte nackt auf dem Söller. Das Leben des Albert Vigoleis Thelen. Aus seinen Texten zusammengestellt von Jürgen Pütz". Hildesheim, Claassen Verlag 1992, S. 254 – 259.
** Albert Vigoleis Thelen, „Die Literatur in der Fremde", Bonn, Weidle Verlag 1996.
*** Vgl. hierzu Beiträge in Heinz Eckmanns, Lut Missine (Hrsg.): „Albert Vigoleis Thelen. Mittler zwischen Sprachen und Kulturen", Münster, Waxmann 2005. Vgl. auch die Website www.vigoleis.de.

JÜRGEN KROSS
Inland

1
hungers
ein
feld liegt im schnee. gebettet

dir ein in die ohnmacht. wo auch
sich
tilgender schatten.

2
drückender last. worin
es
sich atmend bewegt. sind ihm

auf körpern die lüfte.
auch
fließend an jenen herab.

3
ob blieb´auch das nichts
vor
dem fenster. das grauen

der finsternis nach. weißt
du
dir wachsen ins auge.

4
zerschnitten am kopf
dir.
und drohung. sind so nicht

in körper gedacht. wo auch
vom
licht die platanen.

5
in rinden zerklüftet. verhängt
sich
zu enden der tag.

als sinn. entgrenzt
vor
den wipfeln.

6
zum winter. steht ab dir
vom
schädel der wald.

belastet.
im
tod sich zu denken.

7
breiten sich auf dem gesicht
aus
zeichen von kälte.

was drüber dann
läge.
zerschunden. baumrinden gleich.

8
die eine fläche ist
und
ohne antwort. schweigsamkeit

dir. fremdem hinzu. wuchs
noch
aus mündern.

9
flächig das land.
drin
stehen nach außen die bäume.

für raum ein. im wuchs
ans
vergessen von toten.

10
zwischen den buchen
die
kluft. dran wachsen zum tod

die gedanken. blatt hin für
blatt.
und auch aus den gräsern.

GÖRAN TUNSTRÖM
Unsere Insel - Unsere Zeit im Meer
(Gedichte 1966-79, gesammelt in den Nächten deiner Abwesenheit...)
Auszüge

Aus dem Schwedischen von Lukas Dettwiler

> „...damit ich sehen würde, dass es die Wirklichkeit war,
> die mich ansah, aber dass ich noch nicht genug
> wirklich war, sie zu schauen."
> Augustinus: Bekenntnisse

1
Hier beginnt ein neues Leben
es ist das alte, neu
angezapft
So gesehen
wird selbst der auf Stein
prasselnde Regen zum Abenteuer
Das Hämmern der Krabbentrawler im Hafen
zum Abenteuer
wie du dich über den neuen Fußboden bewegst

Wir wiederholen uns nie
Wir prüfen von neuem
wer du warst und bist
und den dünnen Faden dazwischen
Wir wiederholen uns nie
Brückenpfeiler und Tage reißen
Wir arbeiten sie auf und befestigen sie neu

Gottesleuchten schießt vom Himmel und
kann unter Kleinvieh einschlagen

4
Ich mischte Zement im Waschhaus
und es hatte geregnet
Da vernahm ich durchs Radio,
dass Prag eine okkupierte Stadt sei
Ich mischte Zement für einen Schornstein, einen neuen,
und hatte an Jiří gedacht,
der vom Gefängnis erzählte
und vom Gefühl, als er freikam
zusammen mit Tausenden anderer
Er hatte eine Frau, die auf ihn wartete
über alle die Jahre, viele nicht einmal eine Adresse
Jetzt würden seine Bücher gedruckt,
sagte er zu mir am Bahnhof,
jetzt fahr ich nachhause,
das ist nun eine Woche seither
Ich mischte Zement im Waschhaus

5
Was bleibt ist Trauer
Trauer über den Zustand der Welt
und die ausgebliebene Ernte
Trauer, dass Arbeit und Liebe
uns nicht mehr beflügeln

Deshalb liebe ich es, deine Hände
in meinen zu halten

Mit dir entlang dieser Strände zu wandern
und in die Beeren zu gehen –

7
Ein kurzes Knattern
dann legt das Schiff an:
unser Ithaka, vermummt

von der weißen Tracht blühender Schlehen,
schwanger vor Sommer

ist flüchtig aufgeschimmert,
so wie die Insel, in großer Erschöpfung,
unter den Hütten der Indianer

Die Vögel Palästinas sind da
und im Dickicht des Hofes
aus Löwenzahn

erwartet uns Gunnar:
„Ihr wart lange bei den Rothäuten drüben"

„Die Sense ist scharf. So mäht jetzt"

8
Der Winter bei den Indianern –
Was er mich lehrte, weiß ich noch nicht,
kann es erst nach längeren
Untersuchungen wissen,
immer größeren, über Katastrophen

und ihre stets neuen Wendungen
kann ich nie Gültiges
wissen. Wissen ist nicht
Information. Wissen ist
Gewissheit, dass unser Leben
nicht aufgehört hat
und nicht aufhört
Die Indianer wirken fort
in uns mit ihren Werkzeugen,
selbst wenn wir uns nie wieder sehen

9
Die Töne Schwedens, wo sind sie geblieben?
Es gibt keine richtige Stille mehr hier
Wo muhen noch Kühe auf abgeschiedenen Wiesen,
wo bleibt das Krähen der Hähne von Li, die jeweils die Schale
der Dämmerung sprengten?
In diesem Vorsommergrün ging ein Schiff unter
mit Packräumen voll eingesperrter Sprachen
Über die Oberfläche tonloser Sonntage
breiten sich Löwenzahn und weißer Flieder aus
und über die Geschichte der Kleinbauern ziehen Düsenjets ihre Striche –

12
Erst nachdem Vater
eine Zeit tot war
verstand ich,
dass wir nicht zur
Mittelschicht dazu gehörten
Als in unserer Hinterhofküche

ständig der Wasserhahn tropfte,
hatte ich noch Hoffnung
auf Wiedergutmachung
In der Zwischenzeit konnte man
sich zur fensterlosen Bettnische flüchten
Als unser Vermieter, Josef A., betrunken
in seinem gestreiften Flanellhemd
und mit offenem Hosenschlitz
an unsere Türe hämmerte
um Mutter zu sprechen,
wurde ein Indianer aus mir
Die heilige Sprache kam auf den Scheiterhaufen
Gottesbilder wurden vom Sockel gestürzt
Das Zentrum wurde zerstört
Und Josef A. hatte seine historische Pflicht getan

15
Herbst mit Blaubeeren
Schleier aus Dauerregen –
Zwischen Haselbüschen und Schlehen
hasten die Söldner des Winds
in ihren grauen Mäntelchen
die Abhänge hinunter,
vorbei an emporgezogenen Booten

Leere Gewässer
von der dünn besiedelten
Gegend aufgesogen, hinter
Zweifachverglasung
Auf der Brücke
ziehen Fischer ihr

letztes Segel ein
Lassen es – ganz kurz –
flattern
in ihrem Schoss

Wir hätten nun ernten,
ein Lied anstimmen sollen
Die Atemzüge da, doch keine Lunge
Die Wände, doch keine Zimmer
Wörter, doch keine Sprache
Und das Meer, ein Teil von dir,
hält mich gefangen

Doch es ist nicht das Meer
Noch bist du es, noch
irgendein anderer
Die Blitze sind es,
an den Körperenden
Die offenen Nächte
in der Waagschale
Eine verschlossene Pforte
verzehrt die Verzweiflung unserer Hände
Durch das Dunkel dieser unauswechselbaren Wirklichkeit
müssen wir uns hindurch bitten

16
Kleine Inseln im Winter
sind überschaubar; nackte Felsen
Sicht zwischen den Bäumen
bis hin auf das Meer –
Du aber, in meinen Armen, wie viele

Kilometer bin ich doch in
deiner Nacktheit gereist
bar jeder Aussicht –

22
Der Kastanienbaum. Hat seine Zwielichter an,
es ist Mai, die Schwalben und langstieligen
Brennnesseln sind unterwegs,
ich lese die *Georgica* zum,
ich weiß nicht, wievielten Mal,
dieses Buch lehrt mich zu sehen,
und ich lese für die arbeitenden Hände
auf unserem eben gepflügten Stück Land
Dieser Glaube an die Zukunft! Dieser Wille zur Liebe!
Und diese wundersamen Bewegungen, die einer
einmal in dieses einzige Wort fasste —

Rauchschwaden vom Meer,
von Schwelfeuern längs Wassergräben von weither
Die Augen zu:
Einer hatte Vergil gelesen
unter einem anderen Kastanienbaum, doch wo?
In welchem Land?

Meine Zellen gehen auf Jagd
nach einer langen Zeit der Isolation,
suchen in gemeinsamen Vorratsräumen,
in alten Träumen, Bewusstseins-
ströme wie Eisenspäne,
während von weither Gejohle

von einem Fußballfeld
wechselt mit Gesang

Cassiciacum!
Die Kastanie auf dem Landgut des Verecundus in der Lombardei
Spätherbst im Jahr 386: Augustinus ist 32 und er spricht
– während Monnica Wein und Brot auftischt –
mit Freunden als letzter in der Antike
von den hohen, schönen Dingen
und lässt alles aufschreiben,
denn er glaubt an die Geschichte
z. B.: „...seht den besiegten Hahn,
seine gerupften Federn am Hals..."

Die Ostwinde kommen von Westen
Bald würde seine Mutter sterben
und Gott verführerisch schnell
auch sein Herz besiegen,
während König Alarich gegen Rom zieht –
Der straff zentralisierte Staat
mit seiner erlahmenden Bürokratie
steht vor dem Zerfall
Da nun Barbaren die Wege
des Reichs beherrschen,
versiegt der Sklavenimport, die
Energie der Gesellschaft,
die Geburtsraten sind rückläufig,
Okkultisten und Astrologen
kämpfen mit den Christen
um die Macht –

Jetzt lauscht er dem Bach, seinem
Gemurmel, von Herbst gestaut:
„Woher stammt das Erstaunen?"
Licentius, der Heide und Freund,
aber jagt Ratten –

wie stereofon: der Gesang von Winzern
und die Jubelrufe vom Fußballfeld
Und unter Kastanienbäumen:
das reine Gewissen, gebeugt über die Felder unserer Bedingungen,
meine Zellen suchen nach ihresgleichen, suchen nach der
uns allen gemeinsamen Ebene, unserer Energie,
diesen wundersamen Willen zur Liebe
Und hinter Wolken aus Nein:
Cantate mihi canticum novum

Und einem Tor ähnlich
das sich am Ende eines Gangs
öffnet und schließt: „Keiner da":
das Schimmern an Glaube...

Cantate mihi ...
       und Jubel vom Fußballfeld
Schwaden versengten Grases längs Wassergräben
ein Lüftchen vom Meer, das Knirschen eines Spatens
  auf Stein,
die ersten Mücken in diesem Jahr

Die Kälte kehrt wieder

ALEXANDRA BERNHARDT
Sieben Gedichte

ENDYMION

Trunken ein Silen
Ist es Nacht
Geht mein Auge
Über vor Trauer

Steht ein Reigen
Vor den Pforten
Gibt ein Tanz
Mir mein Gesicht

Und als Selene mir den
Sohn gebar

Da war's ein weites Schweigen
Ewig Traum

Nur Mondeslicht

DAS GEDICHT

Dabei kam es nicht darauf an
Ein wendiges Etwas zu zwingen
Zu bändigen irgendein Tun
Lebendes gar zu entseelen
Nicht nahm es nämlich in Anspruch
Viel mehr oder auch nur andres
Als einfach den Funken zu zünden
Der Welten in Brand setzt : nur so

GORGONEION

Gesteine Verstecke geschmeidigen Nattern
Starrende Schönheit — du Schrecken im Licht

Zischen
Ein Zittern
Ein Schlag
Kein Gesicht

In Stille und Leere nur flattern
Der gähnenden Sonne die Lider

Noch immer nicht

MAHR

Ein Schrei
Zerbricht
Die Stille der Stadt
Durchkämmt ihre Gassen
Fällt auf ihr Pflaster
Und klettert
Die Regenrinnen
Hinauf ins Gebälk
Bis keines mehr
Schläft
Bis das letzte Lid
Sich hebt
Und ins hohle Auge blickt
Der Tod

HINTERHOF

Wie hohnlacht bleich
Der späte Rand der Sonne
Sommer sei es, sagen sie
Und Kinder spielen laut vor Wonne

Nicht ragt ein Regen in die Lüfte
Und keine Wolke säumt den Abend
Kastanien tragen langsam träge Düfte
Ein Mann geht durch den Hof nach Haus

NACHRUF
[ΕΠΙΦΩΝΗΜΑ ΔΥΝΑΣΤΕΥΤΙΚΟΝ]

Das zog sich den Erben
Aus alter Begierde
Das wuchs sich trautirrig
Aus wucherndem Stein

Es konnt sich es wollt sich
Nicht wirklich vermehren
Nur ewig sich dauern
In irrtrautem Schein

Hab Licht nicht hab Funken
Nicht Feuer gebracht

Saß einsam mehr fremd mir
In eiskalter Nacht

MOHN

Wie ein einsamer Kämpe, den die Schlacht zurückließ : verschont
Inmitten von Lärm und Abzug, im Feld der eigenen Toten
So steht allein auf schmalem Grün, im Tosen der Stadt
Und umgeben von grauem Gewerr'
Ein einzelner Mohn.
Ihn hat der Schnitter gelassen —
Ob nun zur Mahnung
Oder zum Trost.

TANJA JESCHKE
Vier Zimmer, lichtdurchflutet

Wenn ich sagen müsste, dachte Valeska, ab wann Piet begann, sich von mir zurückzuziehen, dann würde ich den Tag nennen, an dem wir die Wohnung anschauten. Aber es fragt mich niemand und sowieso bin nur ich es, die es merkt. Nicht einmal Piet selbst merkt, wie wenig er mich noch liebt. Valeska konnte diesen Satz durch ihren Kopf ziehen wie eine Kette, die, festgehalten an der letzten Perle, in einem Moment der Nachdenklichkeit über den Tisch gleitet, ehe sie einfach liegen gelassen wird.

Valeska trug Maxi Liebling auf dem Arm herum, von einem Zimmer ins andere. Er schlief schon, aber sie war seine Mutter, sie konnte ihn doch herumtragen, so viel sie wollte.

Es waren große helle Räume mit drei Meter fünfzig hohen Decken ohne Stuck. Stuck hat so etwas gewollt Aristokratisches, fand Piet, gut, dass diese Decken keinen haben. Er war Holländer. Sein Akzent schepperte durch die Sätze wie die Konservendosen an einem Just-Married-Auto. Valeska hatte Piets Lässigkeit von Anfang an beobachtet. Wenn er beim Volleyballturnier am Netz hochsprang, erinnerte er sie an einen Wassermann, als würde er gerade die Oberfläche eines Sees von unten herauf durchbrechen, sein zottiger Bart, die langen Algenhaare tropfnass vom Schweiß. Immer eine Spur zu breitbeinig. Er würde niemals verstehen, was es für sie bedeutete, Spaziergänge durch diesen Prachtschuppen zu machen, in dem die Möbel standen wie gut gefütterte Zootiere. Aber er war mit ihr eingezogen, das immerhin, und wenn er durch die Zimmer ging, wirkten sie auf einmal bewohnbar.

Es war ihre Wohnung. Schon als sie die Annonce in der Zeitung an jenem Samstagmorgen entdeckt hatte, war ihr zumute gewesen wie einer Goldgräberin, die endlich auf den Schatz ihres Lebens stößt. Schöne 4-Zimmer-Wohnung, lichtdurchflutet, mit mediterranen Bögen. Von den hohen Decken stand gar nichts da, die waren dann die krönende Überraschung gewesen. Wie Piet und sie den Hals gereckt hatten, als der Vermieter die Tür aufgeschlossen und sie hineingelassen hatte. Wie ihnen gleich der Kopf nach hinten gefallen war vor Staunen. Piet, diese hohen Decken!, hatte Valeska geflüstert. Irgendwo hatte sie gelesen, dass es sich gut machte, wenn die Frau bei einer Wohnungsbesichtigung positive Bemerkungen im Flüsterton von sich gab. Während der Mann mit festen Schritten die Räume durchmessen sollte. Piet machte es jedenfalls genau richtig. Er ging beinahe besitzergreifend durch das erste Zimmer zum Fenster, das einen Innenhof mit Baum preisgab. Von dem hatte auch nichts in der Zeitung gestanden.

Das wird ja immer besser, hatte Valeska gesagt.

Der Vermieter war beim frisch lackierten Heizkörper stehen geblieben. Es war ein älterer Mann im Nadelstreifenanzug, er trug sogar einen breitkrempigen Hut, aber seine Schuhe waren glücklicherweise abgetragen. Valeska wandte sich ihm zu mit von innen beleuchteten Augen, die von ihm zur Decke und von der Decke zum Fenster und zum Innenhof hinaus wanderten. Maxi Liebling schlief im Kinderwagen vor der Eingangstür. Er war gerade sechs Wochen alt.

Piet drehte sich zu Valeska um. Da steht sogar eine Schaukel, sagte er. Was auch immer er damit sagen wollte.

Valeska hatte sich neben Piet ans Fenster gestellt, ihre Hände mit den rosé-farben lackierten Fingernägeln auf die Fensterbank gelegt, dann forsch das Fenster geöffnet und sich hinausgelehnt. Amselgezwitscher, von Ferne das Ruckeln und Quietschen der Straßenbahn, Linie 3. Die Fenster zu den Wohnungen rechts um die Ecke. Ein paar Fahrräder in einem Ständer bei den Mülltonnen. Hier würde Maxi spielen, sie würde ihn zum Essen rufen, er würde das Treppenhaus hinauf stiefeln, das Licht würde auf den Tisch fallen.

Der Tisch würde mit dem Essen etwas sehr Übliches ausstrahlen. Valeska dachte sich frisches Gemüse und Basmati-Reis. Piet wollte Fleisch. Sie stellte noch eine gutwillige Schüssel Gulasch im Geist dazu.

Valeska hatte sich sofort als Gastgeberin gesehen. Keine Spur angeberisch, aber mit geübten Handbewegungen die Freunde bewirten, Piet den Korkenzieher in die Hand drücken, dampfende Schüsseln auftragen, ‚Here we are' sagen.

Sie hätte nie gedacht, einen so deftigen Familiensinn zu haben. Eine Familie gründen. Für Valeska eine bloße Ellipse. Bodenständigkeit. Das hatte alles die Wohnung aus ihr gemacht. Oder war es Piet?

Valeska zog die Nase hoch, während sie Maxi Liebling, das kleine Wechselbalg, auf das Sofa legte und sich neben ihn setzte. Sie nahm ein Kissen und zupfte daran herum.

Von unten war wie immer nichts zu hören. Aber er war da, daran bestand kein Zweifel. Piet ging jeden Morgen hinunter ins Souterrain und kam erst zum Mittagessen wieder herauf. Er arbeitete dort, in seinem Büro, und er blieb immer länger unten. Manchmal rief er Valeska mit dem Handy an, wegen Fleischwurst zum Beispiel oder einer politischen Kleinigkeit.

Der Vermieter war mit ihnen ins nächste Zimmer gegangen. Schauen Sie mal, hatte er gesagt und auf ein winziges Fenster hingewiesen, das in der Wand unter den beiden großen Fenstern, beinahe schon auf Höhe des Fußbodens eingelassen war. Das muss ganz früher einmal eine Lüftungsklappe oder so etwas gewesen sein, erklärte er. Er kniete sich vor dem Fensterchen auf den Boden, sein Anzug war ihm nicht zu schade, er öffnete das Fenster an einem runden Knauf und streckte seine Hand hinaus. Piet runzelte die Stirn. Valeska hatte das Gefühl, sich jetzt auch niederknien zu müssen, um auf gleicher Höhe mit dem Vermieter zu sein und ihm zu zeigen, dass sie sein Fensterchen genau betrachten wollte und ebenso fasziniert davon war wie er. Dass ihr klar war, dass nicht jede Wohnung so etwas zu bieten hatte, eine ehemalige Lüftungsklappe, ein Extrabonbon. Im Gegensatz zum Vermieter war es Valeska aber nicht danach, ihre Knie zu beanspruchen, sie trug Feinstrumpfhosen, wie schnell die kaputt gingen, musste Piet doch wissen, warum kniete Piet in seinen Jeans sich nicht rasch neben den Mann, Piet war doch schnell wieder auf den Beinen, er könnte dem Vermieter sogar beim Aufstehen helfen, ihm unter den Ellbogen greifen, der würde es ihnen sicher hoch anrechnen, wenn man ihm half. Valeska versuchte Piet mit Augen und Kopf ein Zeichen zu geben, es hieß: Los, mach schon, er will dir dieses kleine Fenster da unten zeigen, knie dich hin! Aber Piets Blick streifte ihre Bemühung nur und glitt dann weiter, achtlos starrte er aus blutunterlaufenen Neptun-Äuglein an Valeska und dem Vermieter vorbei.

Piet konnte den Mann dort wirklich nicht allein knien lassen, merkte er das nicht? Sie würden die Wohnung nicht bekommen, wenn sie dieses Fensterchen nicht aus der Nähe bewunderten, dachte Valeska.

Der Vermieter hielt seine Hand noch immer durch das Fenster nach draußen, er drehte sich dabei halb zu ihnen um, sein Gesicht war rot angelaufen, es war für ihn schwere Arbeit dort am Boden, er ächzte leise in seinem Anzug und dann kam ein fortwährendes Schnaufen aus ihm heraus, während er sagte: Das wird ihrem Kleinen doch gefallen, da kann er eine lange Leine mit einem Körbchen daran runterlassen und seine Spielkameraden unten im Hof können Kastanien in das Körbchen legen und er kann es wieder hinaufziehen, sehen Sie, und dann holt er das Körbchen mit den Kastanien durch dieses Fensterchen zu sich rein, und später, wenn er groß ist, liegen dann keine Kastanien mehr drin, sondern Zettel mit Nachrichten von irgendjemandem und Liebesbriefe. Liebesbriefe, sagte er noch einmal, während er endlich seine Hand wieder hereinholte und dann mühsam versuchte aufzustehen.

Geht`s?, fragte Valeska, aber sie half ihm nicht, sie mochte ihn nicht anfassen. Nach all dem, was er da erzählt hatte, musste er wohl selbst einmal hier als Kind gelebt haben, was? Und der mit den Liebesbriefen? Auch er? Sie mochte ihn auf keinen Fall anfassen. Man muss einen Vermieter nicht berühren, dachte Valeska, und wenn er sich hinkniet, dann muss er auch wissen, wie er selbst wieder hochkommen kann, dachte sie, er kann nicht von Piet verlangen, ihm zu helfen. Nur ich kann das.

Piet ging im Zimmer umher, die Hände in den Hosentaschen, und zählte die Steckdosen. Fünf Steckdosen, sagte er zu Valeska.

Der Vermieter stand jetzt wieder sicher auf seinen Beinen, und ein Gefühl der Erleichterung erfüllte Valeska. Sie nickte dem Mann zu. Er hatte noch immer ein rotes Gesicht, seine Augen glänzten, er nickte zurück, nahm den Hut ab und strich sich über seine Glatze, die wie mit Zellophan überzogen schien.

Ich muss etwas sagen, dachte Valeska, er wartet darauf, dass ich sein Fensterchen lobe, und Piet merkt nichts.

Maxi wird das Fensterchen auf und zu machen, sagte sie, immer auf und zu. Immer wieder. Und Valeska wusste, dass sie damit dem Vermieter versichert hatte, dass sie die Wohnung nicht nur nehmen, sondern auch kriegen würden. Und mit dieser Versicherung konnte sie es vor sich sehen, wie vorhin Gemüse, Reis und Gulasch, konnte sie jetzt Maxi vor sich sehen, es war ganz einfach, es war der kleine Piet, der mit dem Fensterchen spielen würde, Fenster auf, Fenster zu, Fenster auf, Spielsachen raus, Fernbedienung raus, Äpfel, Kartoffeln, Karotten, alles raus.

Sie wusste nicht, was dann geschehen würde.

Piet lachte leise und rau und ging durch einen mediterranen Bogen in das nächste Zimmer. Der Vermieter beeilte sich, hinterherzukommen, er sprach vom südländischen Charakter seiner Wohnung, als ginge es um einen Hund, und Valeska schlenderte den Männern nach, wobei sie das Gefühl auskostete, Eigentümerin einer Finka am Mittelmeer zu sein. Piet stand mitten im Raum, der wie die anderen beiden Fischgrätparkett zu bieten hatte. Valeska schickte einen Blick zu ihm, sie wünschte sich ein Hin und Her ihrer Blicke, nicht nur um dem Vermieter zu zeigen, wie sie sich verständigten und wie sie natürlich diese Wohnung wollten, sondern auch für sich selbst, denn sie wollte einen Mann, der ihre Augen suchte und zu lesen wusste, keinen blinden, latschenden, klobigen Hans Wurst. Aber Piet fing den Blick nicht auf, er merkte nichts, sondern stand da und hielt seine Arme vor der Brust verschränkt.

Lichtdurchflutet, dachte Valeska, während sie die hellen Bahnen auf dem Parkett betrachtete, die das Tageslicht dort warf. Es war auch beruhigend, dass es hier keine speziellen Feinheiten gab und der Vermieter sich in seinem Nadelstreifenanzug beschwingt durch das Zimmer bewegen konnte, als sei er selbst der Ehrengast einer unsichtbaren Gesellschaft. Er schien sich in diesem Zimmer am wohlsten zu fühlen, er ging sehr aufrecht und drehte sich immer wieder auf einem Absatz seiner abgetragenen Schuhe abrupt in eine andere Richtung, zu einer anderen Zimmerecke hin, wobei sich die Zimmerecken alle glichen wie ein Ei dem anderen. Sie waren weiß, leer und vielversprechend.

Valeska ging auf und ab und lauschte ihren eigenen Schritten auf dem Parkett.

Als der Vermieter mit ihnen durch alle drei Zimmer gegangen war, das Bad und die kleine Küche gezeigt hatte mit dem süßen Küchenbalkon, dem Küchenkräuterbalkon für einen frischen Kräuterquark aufs Brot, waren Piet und zugegeben auch Valeska einen kurzen Augenblick stutzig im Flur stehen geblieben. Piet hatte gefragt: Und Zimmer Nummer Vier?

Valeska war sich aber zu dem Zeitpunkt schon hundertprozentig sicher gewesen, in diese Wohnung zu ziehen, sodass sie, wenn das Zimmer Nummer Vier sich als Druckfehler in der Zeitung herausstellen würde, auch bereit gewesen wäre, mit nur drei Zimmern auszukommen, so wie sie auch bereit war, mit nur einem Kind auszukommen oder nur mit Gemüse ohne Fleisch zufrieden, sehr zufrieden zu sein. Es mussten nicht vier Zimmer her. Aber Piet hatte natürlich an sein Büro gedacht. Der Grund, weshalb er umziehen wollte, lag nicht in diesen Räumen, sondern in seiner Arbeit. Das war der große Unterschied zwischen ihnen. Ein Büro war alles, was er wollte. Piet war selbständig. Ich bin mein eigener Chef, hatte er Valeska noch in ihrer ersten Stunde erzählt. Er war ein Amsterdamer, der seine Gracht immer bei sich trug. Der immer in etwas herumstochern musste, um voranzukommen. Er war ein Wassermann, der immer im Trüben fischte. Er war dieser verregnete Flachländer, der auf einen Regenbogen hoffte, kaum dass die Sonne durch die Wolken brach. Was sie doch nie tat. Man musste sich die Sonne selber schaffen. Man brauchte dafür nicht unbedingt vier Zimmer. Valeska nickte Maxi Liebling zu, der eben die Augen aufschlug. Er begann sofort zu weinen, als er sie sah. Er war wie Piet. Es reichte ihm nicht, was möglich war, er brauchte das Unmögliche.

Und als der Vermieter den Schlüsselbund geschüttelt und ihnen mit einem Wink zu verstehen gegeben hatte, dass er da schon noch was im Ärmel hatte für sie, war es Valeska gewesen, die sich bei Piet eingehakt hatte, um ihn mit Schwung dem Nadelgestreiften hinterher zu ziehen, der die Wohnungstür aufmachte, sie die Treppen hinunter führte in den Keller, eine Tür öffnete und sagte: Voilà, das Souterrain-Zimmer.

Auf Französisch war sofort klar gewesen, dass es sich nicht um einen Druckfehler gehandelt hatte und dass Piet nicht im Geringsten auf ein eigenes Büro verzichten musste, hier war es, voilà, die Sonne konnte durchbrechen. Zwar würde sie vielleicht selten die schmalen Fensterscheiben erreichen, die wie Schlafzimmeraugen aus der Wand oben links blinzelten, aber in einem holländischen Hausboot hatte man auch nur Bullaugen, einen Suppenteller voll Licht. Wenn Piet diesen Raum nicht zum Büro machen konnte, dann konnte er gar nichts. Sie würde es ihm zeigen. Ihm zeigen, wie man sich etwas schuf, das man so dringend brauchte wie er sein Fleisch. Wie sein Fleisch und Blut. Er war es gewesen, der Maxi gewollt hatte. Seinen Liebling.

Wenn er mit ihm leben wollte, musste er in dieses Büro einziehen. Dann musste er Valeska in diesen Räumen über ihm wohnen lassen und konnte nicht wie an jenem Samstag unten im Souterrain stehen und die Stirn runzeln. Sie hatte ihm gleich angesehen, dass er zu zweifeln begann. Das war der Moment. Er hatte nichts gesagt, aber ‚Oh, hier unten ist es dunkel' gedacht, während der Vermieter Worte wie Drainage und Feuchtigkeit von sich gab, die mit Valeskas Goldschatz nichts zu tun hatten, die Piet aber schlucken musste, wenn er hier sein Büro einrichten würde. Der Vermieter wusste ja nicht, dass man einen Mann wie Piet gar nicht vor Wasserschäden bewahren musste. Dass Piet mit der niederländischen Gefahr von Deichbrüchen aufgewachsen war, dass Wasser ihn schon immer umgeben hatte, dass er in einem Aquarium leben könnte, wenn es sein musste. Valeska hatte dem Vermieter zugenickt, der noch immer von den Maßnahmen zur Trockenlegung seines Souterrains sprach. Der große Piet hatte die niedrige Decke über sich betrachtet und gesagt: An die kann ich keine Lampe hängen, da stoße ich mir den Schädel.

Der Vermieter schlug Neonröhren vor.

Piet rieb sich den Kopf, als hätte er sich bereits gestoßen, und Valeska wusste, wie wenig ihm Neonröhren gefielen, weil er wie immer das Unmögliche wollte, für das Valeska nicht geschaffen war. Valeska brauchte die Wohnung und sie war Piet rasch um den Hals gefallen, als hätte sie ihn schon an der Angel, dabei war nicht er der dickste Fisch ihres Lebens.

Maxi Liebling hatte oben im Kinderwagen zu schreien begonnen, da waren Valeska und der Vermieter die Treppen hochgegangen, Piet aber war aus irgendeinem Grund noch unten geblieben, und bevor er nach einer Weile zu ihnen heraufkam in die schönen Räume, wo sie den Mietvertrag unterschrieben, musste das dunkle, fast feuchte Souterrain ihm bereits zu einer Art Spontanheimat geworden sein. Denn er hatte noch am selben Tag begonnen, sein Büro dort unter dem Meeresspiegel einzurichten. Er liebte es. Die Neonröhren an der Decke, die den ganzen Tag brannten, die ganze Nacht und das ganze Wochenende, waren seine Sonne.

Valeska steckte ihren Zeigefinger in Maxi Lieblings Mündchen. Zuerst saugte er sich an ihm fest, dann biss er zu. Valeska schüttelte ihn ab und stand auf, weil das Handy klingelte. Es lag auf dem Tisch, ein blinkendes, fiependes Stück Leber. Sie stellte es aus und wartete darauf, dass Piet es noch einmal versuchte. Vermutlich hatte er gerade bemerkt, dass sie den Geflügelsalat aus seinem Kühlschrank unten mitgenommen hatte. Jetzt hatte er Hunger und er fehlte ihm. Sie hatte ihn sich geholt, gestern schon, als Piet gerade nicht da war. Wenn Geflügelsalat fehlte, so etwas merkte er, aber wie wenig er Valeska noch liebte, das merkte er nicht.

ROLF SCHÖNLAU
70er-Remix (2. Pers. Sing.)

Zwei Grenzen, strengstens bewacht, liegen hinter dir, als du mit voll gepacktem VW-Käfer den Kontrollpunkt Dreilinden erreichst und in die Potsdamer Chaussee einbiegst. Du liest die Straßennamen von den Schildern ab und sprichst sie halblaut vor dich hin, wie ein Kind im Wald, das Bäume und Sträucher einzeln benennt, um seine Angst zu bannen: Clay-Allee, Berliner Straße, Unter den Eichen und dann vor der Unterführung rechts ab in die Drakestraße. Immer geradeaus bis zum Bahnhof Lichterfelde-Ost, eine von Studenten nicht gerade favorisierte Wohngegend. Dafür wirst du in einer Gründerzeitvilla wohnen, die deine Mitbewohner für einen Spottpreis gemietet haben.

Ein Installateur, eine Fremdsprachensekretärin, ein Verwaltungsangestelter und Karin, die schon ein paar Monate in Berlin wohnt und die Wohngemeinschaft gefunden hat. Eure Beziehung habt ihr als eine von Jugendfreunden definiert, die sich so gut kennen, dass zwischen ihnen alles möglich ist. Wobei sich sehr bald herausstellt, dass der Nachsatz durchaus verschieden verstanden werden kann. Aber du bist ja nicht kleinlich.

Es beginnt schon damit, dass Eddy, der Installateur und Alleskönner, sich als Musiker und Freak mit reicher Drogenerfahrung bezeichnet. Nicht genug, dass er dich gleich in den ersten Tagen dazu bringt, bei der Sanierung des Schornsteins mitzuhelfen. Eine Arbeit, die ihr in Eigenregie vornehmt, weil der Besitzer sich nicht um den Zustand des Hauses kümmert. Zu deiner eigenen Überraschung findest du Gefallen daran, Mörtel anzurühren, Steine zu reichen und Schutt nach unten zu tragen. Es kommt eben auf das Bewusstsein an, mit dem man etwas macht.

Das gelte für alles, meint Eddy, vor allem auch für Drogen. Damit ist er bei seinem Lieblingsthema angelangt und beginnt von Leuten zu reden, die abhängig würden, nur weil sie Drogen nähmen, ohne zu wissen, was sie damit erreichen wollten. Die Engländer hätten da ein viel höheres Bewusstsein, das zeige sich schon in der Sprache – to use drugs, würden sie sagen. Ob du das wüsstest mit deinem Schulenglisch? Du nickst eifrig und bist froh, nicht weiter ausgefragt zu werden.

Man müsse die Drogen benutzen, fährt Eddy fort. Er zum Beispiel bereite sich seit Wochen auf eine nächtliche LSD-Session vor, in der er, Schritt für Schritt den Anweisungen des Tibetanischen Totenbuches folgend, die einzelnen Bewusstseinsstufen zwischen Tod und Reinkarnation durchschreiten wolle. Von hinten lesen müsse man das Buch, sagte er, wie einer, der den Zipfel eines Geheimnisses lüftet. Doch dann scheint er sich anders zu besinnen, bricht seinen Monolog ab und wendet sich wieder dem Schornstein zu.

Esoterik ist das Zauberwort, bei dessen Erwähnung die Eingeweihten bedeutungsvoll die Augenbrauen hochziehen. Vor allem Gisela, Eddys Freundin, taucht ganz und gar ein in eine Welt aus Patschuli, Astralleibern und Tofu, wenn sie nachmittags aus dem Büro heimkommt. Gisela ist mit den Drogen fertig, seit sie sich auf einem Trip das Rauchen abgewöhnt hat, wie sie immer wieder gern erzählt. Natürlich ist sie Vegetarierin, spricht voller Bewunderung von Veganern und kocht makrobiotisch. Auch Karin hat sich einer Yogagruppe angeschlossen und legt großen Wert auf ihre spirituelle Entwicklung.

Am freakigsten ist Hartmut, der mit seiner Mähne und dem zotteligen Afghanenmantel wie jemand aussieht, der gerade aus Indien zurückgekommen ist. Dabei ist er Verwaltungsangestellter im Vorbereitungsdienst und kann sich nicht entscheiden, ob er auf ein gesichertes Einkommen verzichten soll oder doch dem Rat seines alten Freundes Eddy folgen und die Senatsverwaltung als Freak unterwandern. Vorerst lässt er sich so oft wie möglich krankschreiben, sitzt aber seine Stunden zu Hause am Schreibtisch ab und trommelt, Gesetzessammlungen und

Ausführungsbestimmungen vor sich aufgeschlagen, mit den Fingern auf die Tischplatte ein, als wäre es eine indische Tavla. Mit ihm könntest du dich noch am ehesten anfreunden, wäre da nicht Karin, die sich offenbar gut mit ihm versteht. Wie gut, das willst du lieber nicht so genau wissen.

Wo Beamte wie Hippies aussehen, Sekretärinnen von feinstofflichen Wesen raunen und Handwerker buddhistische Praktiken nachexerzieren, hat auch das kritische Denken nicht den gewohnten Stellenwert und gilt bestenfalls als Vorstufe eines tieferen Wissens, das durch Bewusstseinserweiterung zu erreichen ist.

Du bist zu sehr dem Intellekt verhaftet, da ist man sich einig. Was dir fehlt, ist eine psychedelische Erfahrung. Auf der nächsten Party will man eine Trip-Bowle mischen, da sollst du etwas nehmen, nur ein halbes Gläschen, um deine doors of perception zu öffnen, wie Eddy sagt, der natürlich seinen William Blake kennt.

Schon bevor die ersten Gäste eintreffen, läuft Eddy, einen Erlenmeyerkolben in der Hand, durch das Haus, als gälte es, den Inhalt durch rhythmisches Schwenken zu aktivieren. Eine Darbietung, die ihre Wirkung nicht verfehlt, vor allem, als überall Kerzen angezündet und Räucherstäbchen abgebrannt werden. Da kaum einer der Gäste den Begrüßungstrunk ablehnt, lässt auch du dir dein Gläschen abmessen und leerst es auf der Stelle. Dann setzt du dich still in eine Ecke und wartest auf die Wirkung.

Wer weiß, wie lange du dort sitzt und nicht loskommst, ein Maikäfer, der sich aufpumpt, bis er leicht genug ist zum Abflug. Nicht zu den anderen, nein, nur weg, nach oben in dein Zimmer, wo du dann wach liegst und auf die dünner werdenden Partygeräusche horchst. Du hast nicht das Gefühl, auf dem Trip zu sein. Es reicht völlig, sich das vorzustellen. Das Bewusstsein der Möglichkeit lässt dich in den beleuchteten Türmen des Heizkraftwerkes vor dem Fenster indische Pagoden sehen.

Oder wahlweise Kühltürme, ganz nach Belieben, wie bei bestimmten optischen Täuschungen, wo man nur seinen Blick umstellen muss, um dasselbe Arrangement anders wahrzunehmen.

So übst du in den kurzen Stunden bis zum Morgengrauen eine andere Wirklichkeit ein. Und ohne recht zu verstehen, woher die plötzliche Klarheit kommt, weißt du auf einmal, dass es Zeit ist abschließen, was längst beendet ist. Binnen weniger Wochen findest du eine Wohnung und ziehst aus, weg von der Wohngemeinschaft, weg von Karin.

Bei einem Streifzug durch die Stadt stößt du in einem Kaufhaus auf Carlos Castaneda, eine frühe Ausgabe, die auf einem Wühltisch liegt und verramscht wird. Dein Buch! Das weißt du, kaum fällt dein Blick auf die schwerelos schreitende Figur auf dem Buchcover: Die andere Realität. Die Lehren des Don Juan – ein Yaqui-Weg des Wissens. Ein Buch wie eine Droge. Nicht dass dich die Meskalin-Experimente zum Nachahmen anregen. Die Lektüre selbst ist die Droge. Du liest, wie du zuletzt Karl May gelesen hast – gefesselt und mit fieberndem Herzen.

Dienstags ist Seminar. Ein Muss für alle, die mehr wollen als Scheine. Lehramtsstudenten gibt es kaum unter den Teilnehmern, dafür Studierende angrenzender Fakultäten: Philosophen, Soziologen, Journalisten und Theaterwissenschaftler. Ein buntes Völkchen, das sich um den Professor schart, der nicht nur selbst Literatur veröffentlicht, sondern dessen wissenschaftliche Publikationen in Reihen erscheinen, die weit über das Fachpublikum hinaus wahrgenommen werden.

Der Umgangston zwischen Studenten und Professor ist locker; es herrscht ein fröhliches Nebeneinander von Duzen und Siezen. Gestelztes sprachliches Gehabe ist ebenso verpönt wie das Verschanzen hinter abgesicherten wissenschaftlichen Positionen. Man bringt sich persönlich ein, natürlich nicht im populären Jargon der Betroffenheit, sondern abgeklärt, am besten voller Witz und Selbstironie.

Wie Robert, der eines Tages aus dem Stegreif, dazu in seinem Schweizer Idiom, die Geschichte eines Mannes zum Besten gibt, der sich auf dem Bahnsteig Hals über Kopf in ein junges Mädchen verliebt, nachdem er den Zug verpasst hat, was auf einen gerissenen Schnürsenkel zurückzuführen ist, den zu ersetzen er am Vortag versäumt hat, wegen eines Streits mit seiner langjährigen Freundin, die ihm eine Eifersuchtsszene gemacht hat. Zwar völlig unbegründet, wie es scheint, aber letztlich doch nicht, wenn man die Art von Sinnstiftung zu Grunde lege, wie sie der Literatur eigen sei, schließt Robert sein Impromptu, denn der Mann habe sich ja verliebt, wenn auch erst hinterher.

Hinreißend. Das finden alle aus der Gruppe, die zusammen mit ihrem Professor seit Semestern die englische Literaturgeschichte in Zehnjahresschritten durchmisst. Wobei man zu der Erkenntnis gelangt, dass literarische Neuerungen immer dann von der kritischen Öffentlichkeit begeistert aufgenommen werden, wenn sie das herrschende Sinndefizit kompensatorisch zu beheben vermögen.

Dass Literatur, Kunst überhaupt, nur Kompensation sein soll, ist der eigentliche Skandal, der vor allem nach dem Seminar heftig diskutiert wird. Warum sich noch ernsthaft mit Literatur befassen, wenn diese bestenfalls über den Verlust eines sinnvollen Lebenszusammenhanges hinwegzutrösten vermag? Gar mit Literaturwissenschaft, der nach der Profanisierung ihres Gegenstands vollends die Daseinsberechtigung abhanden gekommen ist?

Aus der Not eine Tugend zu machen und die Selbstaufklärung der gewählten Disziplin zur letzten verbleibenden sinnvollen Praxis zu bestimmen, wie immer mal wieder vorgeschlagen wird, ist zu fadenscheinig in der Argumentation, als dass man sich und die Kunst damit noch einmal retten könnte.

Die Sinnlosigkeit des eigenen Handelns im Verhältnis zum Gesellschaftsganzen stellt eine Grunderfahrung dar, die nicht weiter hinterfragt werden muss. Sinn ist ausschließlich negativ zu definieren, als Verlust, den nur nicht wahrhaben will, wer die Augen verschließt vor der Realitätsbrutalisierung, auch eine Begriffsschöpfung aus dem Dunstkreis des Seminars.

Allein im Kontext der Literatur mit ihrer allseitigen Bezogenheit der Teile auf das Ganze ist noch Sinn zu finden. Die Motivation von hinten, wie Robert sie in seiner Ereigniskette so überzeugend vorführte, wird dabei nicht nur als literarisches Prinzip verstanden, sondern auch als Ausdruck einer Ideologie, die versucht, sich allein durch ihre Existenz zu rechtfertigen.

Zuerst das Pflaster auf den Finger!

Es ist Jürgen, der das immer sagt, wenn die Diskussion wieder einmal ins Grundsätzliche abzugleiten droht. Alle kennen die Stelle aus dem Kapitel über das Rückwärtsleben in Alice: Erst das Pflaster drauf, dann schreien, daraufhin kommt Blut und zuletzt sticht man sich. Lewis Carroll, dessen literarische Sinnlösung auch gut 100 Jahre nach ihrem Erscheinen noch Bestand hat, besitzt Kultstatus in der Gruppe. Und Jürgen lässt keine Gelegenheit aus, seine Lieblingsstelle vorzutragen. Senf sei ein Gemüse, paraphrasiert er, sehe aber nicht so aus. Eine singuläre Beobachtung, die zu der Maxime führe–

Scheine, was du bist, und sei, was du scheinst! ergänzt du, wie schon so oft bei dieser Gelegenheit, womit der Boden bereitet ist für Hans und einen seiner trockenen Einwürfe, die selten ihr Ziel verfehlen. Ein Appell an den Senf, sagt er, in der Tube zu wachsen.

In solchen Momenten meldet sich Günther zu Wort, ein eher randständiges Mitglied der Gruppe. Doch geht seine Bemerkung über bürgerliche Spitzfindigkeiten, die schon immer dazu gedient hätten, vom Eigentlichen abzulenken, ebenso im Gelächter unter wie Karins Verweis auf die Scheinschildkröte.

Was Realität sei, darum gehe es doch in Alice – und auch sonst. Melinda, die auf dem Land lebt und nur zum Seminar in die Stadt kommt, ist bei ihrem Lieblingsthema angelangt. Realität, doziert sie, das sei McDonald's, während die Träume und die Innenseite ihres Bauches zwar womöglich psychologischer und medizinischer Erklärungen bedürften–

Aber nur vom Fachmann, wirft Karin ein.

Genau, fährt Melinda mit verbindlichem Lächeln fort, denn was habe sie als Laie schon objektiv Gültiges zu sagen über die Innenseite ihres Bauches? Was sie spüre, sei individuell, subjektiv und eventuell schwer zu klassifizieren. Aber doch keine Realität! Das sei bekanntermaßen das Allgemeine und nicht das Besondere, das Äußere und nicht das Innere, ihr Verhalten und nicht ihr Gefühl, der Hammer, nicht der Gedanke.

Es scheint nur folgerichtig und ein Akt der Befreiung, nach dem Studium jobben zu gehen, mit Leuten, die große Stücke darauf halten, sich in keiner Weise festgelegt zu haben. Dass auch du dir mit fast dreißig diese Freiheit bewahrt hast, wird dir hoch angerechnet. Wer es genauer wissen will, dem setzt du gern auseinander, dass dein Interesse an dem Schwebezustand nicht in der Offenheit selbst besteht, sondern in der Bewegung des Offenhaltens. Weil genau dort ein Moment von Freiheit aufblitzt, eine neu gewonnene Leere, in der nichts unmöglich scheint.
Wenn es dir nur gelinge, redet du dich weiter in einen Rausch, die drängenden Fragen nach der Zukunft nicht durch vorschnelle Lösungen zu verstellen, dann bleibe den äußeren Ereignissen und deinen noch ungestalten Wünschen gar nichts anderes übrig, als sich aufeinander zuzubewegen und wie zwei Aspekte eines einzigen Vorgangs gleich zwei Parallelen definitionsgemäß im Unendlichen zusammenzufallen.

Von der Höhe deiner frei schwebenden Existenz nimmst du Veränderungen wahr, die mit dir vorgehen. So der Zählzwang, der sich vor allem beim Trambahnfahren unter deine alltäglichen Wahrnehmungen schiebt: Fenster, Bäume, Straßenlaternen, alles, was in strenger Reihung in deinem Blickfeld erscheint, wird zu Zahlenwerten, deren Quersummen miteinander zu vergleichen sind und in Beziehung zu setzen zu den Quersummen von Autonummern, die in entscheidenden Augenblicken auftauchen in deinem Kosmos korrespondierender Ereignisse, den zu kontrollieren, dich beherrscht.

Ist die Interpretationsmaschine einmal angelaufen, kann sie dich über Stunden hinweg durch die Stadt tragen. Einmal sind es Spiegel, die dich auf die Reise schicken. Dutzende von Handspiegeln, die ein Bekannter aus Marokko mitgebracht hatte, um sie an einen ausgesuchten Personenkreis zu verteilen, wobei jeder Spiegel vor der feierlichen Übergabe mit Aladin's Polish magisch aufgeladen wird. Du weißt von den Deals, die sich hinter den Spiegeln verbergen, doch ist dir das als Erklärung entschieden zu vordergründig.

Dein gesteigertes Interpretationsbedürfnis verlangt nach einem geheimen Plot, der sich dir und den anderen Inspirierten Schritt für Schritt erschließen muss, wenn ihr nur nicht irre werdet an eurer Mitwisserschaft. Was nach außen hin wie ein beliebiger Zickzackkurs aussehen mag, stellt, als work in progress verstanden, eine zielgerichtete Suche nach sinnfälligen Konstellationen dar.

Dass Kontakte, die dich angehen, im Medium von Spiegeln stattfinden, liegt ebenso auf der Hand, wie die relative Unwissenheit deiner Mitstreiter, deren Funktion vielleicht nur darin besteht, dir den Weg zu weisen zum nächsten Kontakt, der durch einen indischen Beutel mit eingenähten Spiegelscheiben gestiftet sein mag, durch eine Spiegelschrift und natürlich die gleichnamige Zeitschrift, die allerdings so gehäuft auftaucht, dass du dem als versteckte Notwendigkeit verstandenen Zufall durch spontane Entschlüsse auf die Sprünge helfen musst.

Auch wenn dir stets gegenwärtig ist, dass du selbst eine Figur in der Geschichte bist, die du um dich herum webst, so hebt dich das nicht aus dieser heraus, sondern verstrickt dich erst recht darin. Als besäße deine Interpretation ein Gravitationszentrum, das sich alle Fakten anverwandelt, ob sie nun für oder gegen die einmal eingeschlagene Deutung sprechen. Es gibt kein Entrinnen: Jedes Wort, jedes Bild, jeder Ton, jede Geste und jeder Gedanke ist Futter für den Beziehungswahn, der dich ergriffen hat.

Weit und breit keine Aufpasser, wir sind vollkommen frei.

Das steht auf einer Postkarte, die dir in die Hände fällt. Der Satz nistet sich ein und drängt sich immer wieder ins Bewusstsein, bis der Gedanke Gestalt angenommen hat, es doch einmal mit diesem Ansatz zu versuchen. Wenn alles mit allem in Verbindung gebracht werden kann, warum dann nicht nach einem positiven Skript? Vielleicht verwandelt sich der

Zwang, in allem eine Bedeutung zu sehen, in ein reines Vergnügen. Wie ein Puzzle, das aufgeht.

ERIK BECKMAN
Kleingeist

Aus dem Schwedischen von Lukas Dettwiler

1. Gespräch über Literatur

– Hallo! Schriftsteller am Apparat? Ich hätte da eine Frage. Wieviel verlangst du für dreißig Jahre?

– Ich weiß nicht, wie meinst du das?

– Nun, ich schau auf ein langes Leben zurück. Das meiste lief so wie bei den meisten. Doch dreißig Jahre waren so wie bei keinem andern, kann ich dir sagen. Deshalb die Frage: Wieviel verlangst du für dreißig Jahre? Ich erzähl dir wies war, und so hätt ich es gern aufgeschrieben. Also: wieviel verlangst du für dreißig Jahre?

– Nun, wir Schriftsteller schreiben ja meist bloß für uns, sozusagen.

– Ja, mal macht ihr so und mal so und alles zusammen, prangert an solange ihr nur könnt, bis man sich blöde vorkommt. Aber meine dreißig Jahre, die hast du nicht, also frage ich, wieviel verlangst du, um sie für mich aufzuschreiben. Du bist ja Schriftsteller, es steht so im Telefonbuch geschrieben.

– Nun ja. Es gibt natürlich so genannte Ghostwriter. Aber ich glaube nicht, dass ich...

– Du Drückeberger, du! Ich sagte doch eben, dass ich bezahle. Aber du sprichst dauernd von etwas anderem. Du bist einfach bekloppt, wenn du meine dreißig Jahre nicht nimmst, lass dir das einmal gesagt sein. Schreib sie auf! Du wirst es nimmer bereuen. Ich komme ja auf für die Kosten!

– Ich glaube, das kannst du selbst besser.

– Ich? Aber wozu gibt es denn Schriftsteller?

2. In fremden Landen

Am anderen Ufer der Morawa liegt das gelbe Haus des Schriftstellerverbands, nächtens nur dank einer spärlichen Gartenbeleuchtung auszumachen.

Allabendlich dringen die schallenden Lacher von Dichter Uljarevic von dort über die Morawa herüber.

– Hörst du, sage ich eines Abends zum Ober auf dieser Seite des Flusses, wie Radomir Uljarevic lacht!

Der Ober begibt sich hinaus und lauscht in die Nacht. Ich sehe seinen weißen Rücken. Radomir Uljarevic lacht. Dann kommt er wieder herein.

– Ja, meint er, das ist Radomir Uljarevic.

3. In fremden Landen

Auf der Rückseite des Betonbunkers der Firma „Gården" befindet sich das Gebäude der Abendzeitung „Expressen", in der Nacht lediglich dank einer Leuchte hinter dem schlagsicheren Stahldrahtgitter beim Empfang auszumachen.

Abend für Abend ertönen von dort die schallenden Lachen von Redakteur Nilsson herüber.

– Hörst du, sage ich in der Früh eines Vormittags zu R. auf dieser Seite des Bunkers, wie Björn Nilsson lacht!

R. tritt im Dämmerlicht auf die kleine balkonartige Frischluftbrüstung im 6. Stockwerk des Hinterhofes hinaus und spitzt seine Ohren. Ich erhasche einen Blick auf ihren entzückenden Rücken – sie war einstmals ein Schlangenmensch. Björn Nilsson lacht. R. kommt wieder herein.

– Stimmt, das ist Björn Nilsson.

4. Mein Freund Klod

In Finnland bin ich einmal einem Aufzug entstiegen – da stand es vor mir! Das Idol des Jahres, der kleine Weinbauer aus Südfrankreich, das kahlgeschorene Haupt bekümmert etwas zur Seite geneigt.

– „Klod Simon" schrie ich, umarmte ihn und klopfte ihm auf die Schulter.

Und klopfte ihm gleich noch einmal auf die Schulter: „Klod Simon!"

Er fühlte sich sehr klein an, als ich ihn an meine Brust drückte. Ich stemmte ihn eine Armlänge von mir weg und stellte abermals fest: „Klod Simon!"

Da erst wurde mir klar, dass ich gar kein Französisch kann.

Ein sanft bekümmertes Antlitz, wie man sagt, trotz alledem vielleicht nicht nur sanft, wie ich fand. Ich drückte Klod fest an mich in der Erwartung, dass Gott die babylonische Sprachverwirrung aufheben würde.

Da hatte mir Claude Simon einen situationistischen Kunstgriff des nouveau roman beigebracht: Er löste sich aus der Umklammerung und machte mir die Aufzugstür auf. Ich trat ein. Eine Sekunde später war ich bereits wieder auf dem Weg nach oben, so alleine wie ich noch eben nach unten gefahren bin. Ich war nicht einmal eine halbe Minute unten gewesen.

Schade, dass Klod nicht nach Stockholm kommt im Dezember.

5. Vom Rezensieren

– Ich möchte die Anzahl Verben in Romanrezensionen rationieren, so wie die Zahl der Adjektive in Rezensionen von Lyrik, da ich der Meinung bin, man braucht den Inhalt eines typischen Erzählromans nicht wiederzugeben.

– Dennoch finde ich, man sollte genau hinschauen, was in

Gedichtbüchern tatsächlich vorgeht – man muss dem Handlungsverlauf folgen können.

– Ausserdem finde ich, die Kritik sollte Schriftstellern etwas geben. In einer idealen Kultur besteht Kunst aus dem Zusammenspiel von kritischer Debatte und Künstlern, aber davon ist keine Rede in Schweden. Ich will zu einer Kritik beitragen, die teilhat und nicht nur wertet und analysiert.

– Und ich will nicht, einzelne Fälle ausgenommen, so tun als gäbe es englische und amerikanische Romane in schwedischer Übersetzung. Ich bin der Meinung, wenn wir davon überschwemmt werden, und dem ist bereits so, verleiht uns das eine falsche Identität – psychologisch, kulturell wie auch politisch.

6. Gespräch über Literatur

Rund. Kein Knochen. Falten im Nacken. Nichts hinter den Ohren.

– Das wird schon. Nein, aber sag mal! Kommst du nicht etwa aus Kolsva? Schau einer an!

– Ja. Und du auch. Sind wir nicht in die gleiche Klasse gegangen? Mit John und den andern. Und Jösta, kennst du Jösta noch?

– Aber klar doch, Jösta!

– Der hat es geschafft. Zuerst ging er zum Film, ich habe ihn im Kino gesehen. Ich weiß nicht mehr, worum es ging. Aber jedenfalls hat er da mitgemacht!

– Donnerwetter, der Jösta!

– Und dann, das kann ich dir ruhig sagen, dann ist er Poet geworden.

– Donnerwetter, Poet?

– Ja, ich sage dir, der fährt mit der Bahn bis nach Göteborg und bezahlt nicht eine einzige Öre! Bloß um dort irgendwo eigene Gedichte vorzulesen. Die kommen für seine ganze Reise auf, nur weil er zum Vorlesen kommt!

– Nicht schlecht. Warum weißt du das?

– Er hat es mir selbst gesagt. Es gab da so ein Treffen in der Bibliothek von Kolsva, da war er auch und hat's mir gesagt. Er las seine Gedichte und es ging um Dichter und Poesie. Und da hat mir die Wahrheit erzählt. Wenn er irgendwo hin muss um Gedichte vorzulesen, die er selbst schrieb, dürfe er gratis Bahn fahren. Die hätten ihm alles bezahlt, hat er mir selber gesagt. So läuft das, kann ich dir sagen.

– Donnerwetter, dieser Jösta, nicht wahr. Und selber?

– Danke, rundum zufrieden.

– Donnerwetter.

7. Blitze und Schlangen

Wir beide, Raditjikov und ich, erschrecken vor zwei Dingen: Blitzen und Schlangen. Beide stehen sie wie Symbole der Gefahr in seiner Novelle „Die Mittagshitze".

Ich lese, Bulgarien sei ein Land der Blitze und Schlangen. Es gebe dreißig verschiedene Arten Giftschlangen und eine ungiftige, aber bösartige Ringelnatter, der Schrecken der ganzen Bergbevölkerung. Da hilft nicht einmal das harmonischste Verhältnis zu der Sowjetunion. Vor Blitzen und Schlangen verhält sich der Warschaupakt passiv und fromm wie ein orthodoxer Mönch, der bei der Vergewaltigung Marias durch den Heiligen Geist zuschaut.

Doch, als aus der Südküste des Schwarzen Meeres ein Touristenparadies werden sollte, sind ganze Ladungen Iltisse und Igel dorthin gekarrt worden, um die Schlangen auszurotten. Herrliche Zeiten für die Schlangen im übrigen Land! Leihe mir einen Iltis.

Portable Blitzableiter müssen, in dafür vorgesehenen Rohren, mindestens 1 ½ Meter tief in die Erde verlegt werden, für den Fall einer Entladung. Schlangen werden mit Machete, Revolver, Knüttel und Schlinge bekämpft. Erlaubtes Maximum an Gepäcksgewicht: 20 Kilo.

Versuche es einmal mit bulgarischer Freundlichkeit.

8. Die Katzen von Gabrowo

Blitze und Schlangen stehen Humor und Musik gegenüber. Meine bulgarischen Studiengebiete sind seit kurzem Humor und die Musik.

Die Musik, wie alles andere auch, haben die Russen in den Jahren 1877-78 von der türkischen Unterdrückung befreit.

Humor und Satire haben ihr eigenes Haus in Gabrowo, Dom Na Humora I Satirata. Wie Fröding hasse auch ich Konflikte und finde, dass Humor etwas Lustiges ist und versichere mich deshalb zuvor, dass der Humor von Gabrowo nicht etwa von der gefährlichen Sorte sei, die angezeigt werden könnte. Ich habe vor, dorthin zu reisen um zu lachen.

Das Lustigste aber an Gabrowo ist, dass ich gar nie bis dorthin gelangte. Die Straßen in den Bergen waren seriösen Autofahrern viel zu vereist. Oder das Ministerium für Spass hatte meine Papiere etwas zu spielerisch behandelt und vergass so den Kontakt mit der Akademie für Humor für einen guten Lacher.

Auf der Treppe von Gabrowo steht der Direktor für Spass, Stefan Fartunov, und brodelt nur so vor Geschichten, die für mich gedacht waren, umringt von schwanzlosen Katzen.

Die Katzen von Gabrowo sind schwanzlos wegen der Wärme im Haus. Katzen mit Schwanz ins Haus herein zu lassen bräuchte zu viel Zeit.

9. Der Transithund von Plowdiw

Er winselt und bellt. Doch wie ich näher komme und an die Plane hochziehe, gibt er Ruhe.

Ein italienischer Range Rover mit mailändischem Nummernschild. Der Wagen steht dauernd vor dem Novotel von Plowdiw, von morgens bis abends mit stets wieder ausgewechselter Parkscheibe. Er hat einen Anhänger mit wasserdichter Plane. Hinter der Plane knurrt ein Hund.

Ist das ein Transithund, der die Quarantänevorschrift zu umgehen versucht? Sind Herrchen und Frauchen ganz einfach Tierquäler oder vornehme Leute mit besonderen Genehmigungen? Ist es ein feiner Rassehund, oder ein all zu lieber Familienhund, der unter der Plane versteckt wird?

Eines Tages fuhr der Rover davon mit dem Hund, der Bulgarien nie zu sehen bekam.

10. Ostblockreisen

In Schweden wird jeder, der in den Ostblock reist, so hin gestellt wie dieser Hund. Die Plane drüber. Man darf nichts sehen, nichts wissen, man hat nur seine eigene zitternde Freiheitstradition unterm Mantel. Von aussen wird diese kleine geschlossene westdemokratische Freiheitskirche von scharfen Milizmännern bewacht.

Wenn man sich dennoch frei fühlt, mit funktionierendem Spürsinn, so wird man umgehend zum Transithund erklärt, unter einer schwarzen Plane auf einem Anhänger eines unbeweglichen Zugwagens.

Ich hätte den Hund frei lassen sollen, denn er war ein mieses Symbol. Ich weiss mehr über Plowdiw als über Västerås. Das Rapportieren ist schwer, verschlossen hinter einer Decke aus Vorurteilen und Stereotypen.

Jede Menge Blutigel lassen sich in meinen Ostblocknotizen nieder, saugen ihnen Leben und Kern aus. Es ist traurig und schlecht in Bulgarien, denn so muss es sein, auch wenn ich das Gegenteil finde. Gelingt es mir zu sagen, die Bulgaren schätzen ihr Leben, ihre Mitmenschen und ihr Hab und Gut höher als wir? Sag was du willst.

11. Gespräch über Literatur

– Hast du Kjell Sundberg gekannt?
    – Klar doch, Kjell, der Schönling!
    – Mit seinen dreißig „Schwedischen Gesprächen", unter anderem, hat er eine mögliche äussere Form schwedischer Selbstironie erfunden und entschieden zur Demaskierung der Gedankenmuster in unseren Alltagsphrasen und sprachlichen Signalen beigetragen.
    – Ich hab ihn nicht näher gekannt, verstehst du.
    Hier nehmen wir nun sein „Schwedisches Gespräch" wieder auf. Ich finde, dass du bereits schon so viel gesagt hast wie Kjell Sundberg benötigt hätte, um deinen Fetzen eines schwedischen Gesprächs völlig veröden zu lassen.
    – Wie hieß er noch mal, sagtest du Sundberg?

12. François Rabelais

Die Komik bei Rabelais hat mit masslosen Quantitäten zu tun. Ich meine damit nicht nur die geschilderten Quantitäten – die Mengen an Essen, Trinken oder die Unmengen an Pisse, mit der Gargantua Paris ertränkt hat –, sondern die masslose Quantitäten an Text.

Eine einzige Replik in Pantagruels und Panurges wollüstig vorgetragenem Wortwechsel kann ein ganzes Kapitel in Anspruch nehmen und hundert Hinweise auf klassische Autoren beinhalten – ohne mehr zu enthalten als was bereits in der Kapitelüberschrift steht.

Als der Mönch Johan Panurge eine Frage einleitet mit: „Sag lederne Testikel", wird er aufs Mal von der Quantitätslust ergriffen: er füllte zwei ganze dreispaltige Seiten mit den Attributen von „Testikel", bevor der Satz fortfahren kann (mögliche Testikel, ausgebleichte Testikel, moosüberzogene T., mit kaltem Wasser gefüllte T., usw. – insgesamt 169 solcher Attribute!) während Panurge ruhig seine Replik abwartet. Die

Geduld bei Personen, die auf eine Replik warten, ist bei Rabelais mehr als göttlich – sie ist ein Symptom menschlichen Genusses: man hat es die ganze Zeit gut. Die Zeit und das Leben sind quantitative Lust. Der Text ist eine quantitative Lust. Zeit, Leben, Gelehrtheit, Körper, Texte – alles lustvolle Quantitäten.

13. John Deere

Irgendwo unterwegs von Rabelais und der Renaissance bis zum Neuliberalismus und zu uns hat das Dasein als Quantität seinen lustbetonten Wert eingebüsst. Qualitative und idealistische Auslesen, „höhere" Werte traten an seine Stelle. Die erfolgreichen Männer der Industriegesellschaft haben gewiss ihre Quantitäten an Eigentum gemehrt, nichtsdestotrotz aber liessen sie abstrakte Ideale ihre Lebensanschauungen steuern. Materieller Erfolg wurde mit antimaterialistischen Botschaften beladen.

„Nie werde ich meinen Namen auf einen Pflug setzen, der nicht das Beste in sich enthält, das in mir ist", sagte der Schmied John Deere, sein praktisches Stück Eisen zum Gebrauch mehr in der Sonntagsschule idealisierend als in der Erde. Dennoch ist das Stück Eisen entwickelt worden und gibt es nun in der ganzen Welt als Traktor, ihr wisst schon, der grüne mit einem Hirsch (deer) als Warenzeichen. Nebst der Verkaufsförderung will das Hirschzeichen auch als Kruzifix mahnen.

Idealistische Gedanken haben noch nie anderen geholfen als ihren Besitzern, die sie zum Aushalten einer Welt benötigen, und in der die wenigsten nicht einmal Brot und einen Suppentopf haben.

14. Schwedischer Humor

Stets bildet Humor das Natrium im Wasser der Idealisten. Kleinste Karbidbomben, begrenzte Lustkräuselungen an der Wasseroberfläche, schnell neutralisiertes Anderswo.

Dass wir in Schweden bestenfalls mittelkomisch sind – etwa auf dem Niveau Australiens und Hollands –, beruht auf Loyalität, fallweise auf einem akzeptierten Ideal: Verantwortung, Humanität und Masshalten. Gemäss Falstaff dem Fakir, der tausendfach weniger auf Verantwortung, Humanität und Masshalten gab als auf ein Pilsner mit Saus und Braus, ist unsere Komik willkürlich geworden. Die Herren Alfredsson und Danielsson tanzen nie auf Seilen ohne feinmaschiges politisches (demokratisches), kulturell (gutes) und moralisches (humanes) Auffangnetz unter sich, und aus Ramels einem Auge strahlt die brillante Kunstperfektion ebenso sprechend wie aus dem anderen die Unschuld. Im Innersten ist der Schwede ein Weltverbesserer und wird ohne Erlaubnis nie spassiger als eine Volksbewegung in Unterhandlung mit seiner Regierung. Unsere Freiheit ist vielbeschworen und habichtgleich gehegt und gepflegt, die Komik daher unfrei und willkürlich.

15. Gespräch über Literatur

– Hallo, Schriftsteller. Ich hätte da noch was. Von uns, die wir am Steuer eines Autos sitzen.

– Aha?

– Hör mal. Die wollen uns ne fixe Abfahrtszeit verpassen in Munktorp. Bisher gab's da nur Halt auf Verlangen. Fixe Abfahrtszeiten gab's bisher nur in Kolbäck. Aber jetzt wollen die das ändern.

– Aha.

– Welche die?

– Die Busgesellschaft natürlich. Es ist nicht zum glauben. Wir fahren hier acht Minuten nach zwölf los, aber alle, die Bus fahren, wissen, dass man gut sieben bis acht Minuten braucht bis nach Munktorp.

16. Schwer

Verstehst du die Krokusse dieses Jahr? Sind sie nicht etwas schwer? Und die Steine dort drüben kann ich hinten und vorne nicht begreifen. Nicht einen Schimmer. Halten sie uns etwa zum Narren? Danken möchte ich dem Spalierbirnbaum. Wenigstens den versteht man.

Das Wort ‚schwer' ist oft schwer verständlich. Und oft ist es schwer zu verstehen, was einer meint, wenn er sagt „das verstehe ich nicht". Das Wort ‚leicht' ist nicht minder kompliziert.

‚Schwer' und ‚leicht' sind zu missbrauchten Hygieneartikeln verkommen. Beim geringsten Widerstand, beim feinsten Daunenfederchen, bei der geringsten Unreinheit unter den Gedankenarmen, stürzt man in eine sprachliche Bedürfnisanstalt, lässt sich rasieren und reinigen von absoluten Eindeutigkeiten – von der Sprache von Türklinken und Wasserhahn: Warm Kalt Ein Aus Ziehen Drücken Heben Legen. Schwer Leicht.

Man entscheidet sich für den Wasserhahn Schwer und drückt die Türklinke Verstehe-ich-nicht, also wäre die ganze schmutzige Sache aus der Welt geschafft.

17. Ich verstehe nicht

Unter Uppsalas Philosophiestudenten zu Beginn der 1960er-Jahre hatte sich eine dürftige Sprache entwickelt, eine Umgangssprache von Snobs, wenn man so will. Behauptungen wie „Das ist ja unglaublich", „Angst ist mein Erbe", „Ich sehne mich nach dem Land, das es nicht gibt" oder „Wenn man bloss Alma beiwohnen dürfte", lösten ein entschuldigendes

Feixen in der Gesichtsmuskulatur aus, und der Sprech- und Gedankenapparat schlug wild um sich mit einem: „Ich kapiere das einfach nicht."

Natürlich hat man kapiert. Aber wollte gesagt haben, die Behauptungen seien unwissenschaftlich, nicht verifizierbar. Man durchlief eine Grundausbildung im Nichtverstehen, obwohl man verstand. Später jedenfalls tönten die meisten wie Lagerkvist und Södergran und die Verifizierbarkeit ist weiterhin niedrig in nicht vorbereiteten Reden.

In Grunde genommen sind wir Hausgenossen von wissenschaftlichem Nonsens – Svensson, Lagerkvist, Södergran – Experten für Halbausgesprochenes oder masslose Ungeheuer in unserer Alltagssprache, will sagen, wir sind alles Poeten, Poesiekritiker, Psychiater und Zeichendeuter.

18. Leicht

Anfang der 1960er-Jahre brachte ich zeitgenössische Lyrik unter Erwachsene, die keine Ahnung von Lyrik hatten. Der Ismus der Zeit hiess Konkretismus, ein unreiner, obzwar waschechter Ismus, sowie Neue Einfachheit, die der Einfachheit halber auf gar keinen Fall etwas mit –ismus heissen wollte.

Bei der neuesten einfachen, meist bewusst antischweren Poesie sagten die Schüler oft: „Ja, klar ist es einfach, aber was ist dabei!" Sie waren die Gekränkten: Sie waren es, die vereinfacht wurden.

Als „leicht", doch mit dem besonderen Etwas dagegen wurden Sonja Åkesson und später – entgegen meiner Vermutung– Göran Sonnevi angesehen.

Åkesson und Sonnevi gemeinsam ist, dass sie sich nicht an einen besonderen Leser adressieren und den Weg des Gedichtes nicht planen. Das Schwere bleibt, was es ist.

19. Ich verstehe

Aber sind Krokusse dieses Jahr nicht unnötig schwer? Und die Steine wenden sich nicht uns gewöhnlichen Menschen zu.

Ein Tankwart schrieb auf ein Schild über die Herrentoilette: TRITT EIN SCHRITT NÄHER – ER IST NICHT SO LANG WIE DU GLAUBST.

Eine komplizierte sprachliche Aussage, spricht Bände in Sachen Putzen. Eine Botschaft, in der die Anforderungen nach Einsicht beim Leser mit jedem Wort drastisch steigen, zuerst in einem normativen, darauf in einem eher gewiegten Argumentationsteil. Ein ganzer Essay inmitten der einsilbigen Wasserhahn- und Türklinkensprache.

Schwer? Schwedischsprachige Männer mit einer gewissen anatomischen und psychologischen Selbstkenntnis müssen den Text forcieren können um ihn so immer noch lustig und treffend zu finden. Es darf angenommen werden, dass der Tankwart weniger aufzuwischen hatte vor der Wanne. In diesem Fall deshalb, weil die Botschaft gehaltvoll war und nicht einfach.

Auf der Damentoilette aber würde das Schild vollkommen absurd erscheinen und die Botschaft abstrus. Die Damen würden, eine nach der anderen, indigniert herauskommen und den Schreiberling attackieren: Was zum Teufel soll das? Ich verstehe kein Wort! Musst du so schwer schreiben!

20. Gespräch über Literatur

– Mädchen generell, kann ich dir flüstern, setzen das Klopapier verkehrt rum in die Halterung ein.

– Merkwürdig. Du, aber ich bin gerade am Lesen.

– Ja, wirklich gesprächig bist du nicht. Ein Tölpel im Grunde aber auch nicht.

– Das ist nett von dir. Aber lass mich jetzt lesen.
– Was liest du eigentlich, zeig mal her. Ein Buch über Fische!
– Paläontologie.
– Fischst du auch selber?
– Nein. Es geht um ausgestorbene Fische und Krabbentiere.
– Na hör mal! Es gibt im ganzen Land nicht eine Bibliothek mit einer Sparte Fischerei und Jagd, die ich nicht durchgeackert habe, damit du das weißt. Stell dir die Saisoneröffnung vor, frühmorgens, nicht, du hast das Reißen und siehst einen frisch gestiegenen Lachs, nich. Und dann ‚n Großmeerlachs, wenn man dem so sagen kann, nich. Stemmt sich dagegen wien Fels. S'kann zwölf bis fünfzehn Minuten dauern, bis er die letzten Zuckungen macht. Du weißt ja schon alles vom Fischen. Aber wenn du je mal mit Kupferspinnern angelst, schau zu, dass sie Grünspan ansetzen und buddele sie am besten ne Woche in Schlick oder Mist ein. Durchmesser der Leine mindestens 0,4 Millimeter. Da haste zu tun, kann ich dir sagen.
– Ja ja.
– Und du liest von toten Fischen. Die von selbst starben?
– Jaa – darf ich jetzt weiter lesen.

NORBERT LANGE
Gedichte

[ODEN 2.20]

Wenn mich auch Theorie-Mangel behindert, einzusehen
Das wahre Wesen meiner Unterdrückung, Maecenas
Setzen Frauen in meinem Alter an den Hüften an

Ich spiele hier das letzte Mal in einem Avantgardefilm
Worauf ich wirklich Lust bekomme, ist Regie
Mir zittern die Hände und ich hab weiche Knie

nach Tim Atkins

LAKONISCHE IKONE

Ohne Wurst kein Marschieren, vielleicht ein
Bisschen Brot; sicher, aber nicht für
den Vorsitz auf der Hühnerleiter,
die Gefieder getrennt nach Farben, wonach geht es
hier riecht's, es comme ci comme ça
nicht gesondert   gut! die Kommission
hier so   , und streng gestimmt, krümmt keiner
einen Zeh einem; in der Tat tue es
vor Wächtern auf der Flucht, die Schuhe
           hattest du bereits erwähnt
von dem? Welpe: ich bearbeitete sie
solange im Schweiße meiner Arbeit, bis
sie glaubte, ich sei vorher gekommen;
           gerechte Haltung nennst du das?

KONTRAFAKTISCH

Des Tages Augen, vom 9. August 2007,
bemerkten nichts von interesse. Es
war kein Aschefest der Verse Lorcas, des
Gemütlichen. Kein Vergleich, wessen
Tintentränen das *Herz im Winkel* erweichen
sollten am soundsovielten November

2003. Die Augen, soviel ist sicher,
nahmen nicht mal wahr: die kahle Wand der News
und Interviews vor dem Maul des Stieres,
endlos die Schleifen, von denen Lorca spricht.
Weder Giftpilz noch Blutmond auf den Displays
in den Winkeln hinterm Rot der Graphen,

im Kleingedruckten stummer Büros, wo
Doktrinengerinsel welkt, die jungen Gesichter
schon verblasst, und gedreht zur Wand
nicht mehr Gemälde hängen. Die Tresore
voller Sporttaschen, gefüllt mit dem Volke
abgelauschter Stille. Reales, so Lorca.

Traumbilanzen, aber keine Scherbenhaufen
namenloser Gerichte. Und wenn schon?
Keine Mengen, undurchschaubar; vielleicht Kreuze,
auf nichts verweisend, wo paar Rebellen
einander richteten. Hipster, die wie
diese Zeilen schreiben, geklammert an Akten

als ihre Krawatten, straff vom Winde
gezogene Banner, Schablonen von Klischees –
und sie fallen. Genau, ihr winzigen Augen,
dort, wie bei Lorca nirgendwo zu lesen.
Nicht, dass ich wüsste, was gewesen
ist am 9.8.2007 oder dem 21.9.1928, dem 8.

11.38. Was elf Jahre zuvor los war
am 24.10.28 oder dem 17. Oktober 73.
Und wenn, ich weiß nichts, weder von jetzt
noch anderen Tagen. Es ist am 11. März
2011 geschehen, oder am 6.2.2036,
vielleicht schon vorher, vor dem 11.11.1936.

VORWORT

Bei unserer Überfahrt zur Insel ein quengelndes Mädchen, das seine Mutter am Ärmel zieht und damit aufmerksam macht, dass es Zeit sei für seinen Gang zur Toilette. Die urbekannten Silben, die es zu diesem Zweck verwendet – später wird es sich, ist sie erst Anwältin, Regisseurin oder Politikerin geworden, kaum vorstellen können, dass es ihr fortgeschrittenster Wortschatz war –, *mamma ah ah* oder *pipi*. Aus dieser Syntax wird alles andere sich ergeben haben; nass geworden oder nicht, es ist der Anbeginn jedes Liebesschwurs, Geschäftsgespräches und Versprechens, das sie gegeben haben wird und gegebenenfalls gebrochen. Das Täuschungsmanöver der Sprache, ihre erste Finte; ein Raunen, schon da, doch undeutlich, ungewiss wie immer, was sich sammelt und beginnt zu fließen. Es vereint sich mit meinen Wahrnehmungen als etwas auf dem Grund, Nahrung, auf der die Algorithmen kauen. Ein zahnloser Mund. Du weißt, wie es ist. Wir suchen uns unsere Betroffenheit selbst.

Aufgewachsen auf dem Strand, schriee sie wie eine Möwe; ein Kreischen die ideologische Zugehörigkeit … Und schon da: die spießige Ungeduld, die einem mit ihrem Verlangen nach Resultaten in die Quere kommt. Ein Tröpfchen, wo ein Kartenhaus bezogen werden soll, um jeden Betrug zu verdecken. Wo wir eins nach dem anderen eins ums andere Kartenhaus erbauen. Zu wissen, dass es Sarkophage gibt, die uns verdauen. Wo wir die Hütten stapeln, der Umwelt zuliebe; der Mitmenschen; Stimmzettel. Doch wer sind wir? Das Mädchen kannte sich allein, sein Bedürfnis und die Mutter, die ihm Folge leisten musste

DEIXIS

Nachts am Strand, während du und ich rummachen, fällt mein Blick in den bestirnten Himmel; seltsam zweidimensionale Wolken. Je länger ich darauf starre, ein Desktop-Bild, desto schwerer wird es, den eigenen Körper wahrzunehmen als ihn. Die Folge ist keine Entgrenzung, eine schwindelnde Benommenheit, die Schwerelosigkeit nur vorspielt, wie in der Schnulze. Tatsächlich lässt sie einen Körper spüren, als gäbe es ungenordete Magneten. Es schwappt in einem, sobald der Kopf gehoben wird, um die Augen wieder auszurichten auf den Horizont. Drüben eine Zigarettenglut, die deutlich macht, jemand sieht zu. Wir machen weiter, schamlos geworden durch den Alkohol, doch das Gelächter von Jugendlichen in einer unbestimmten Entfernung, immer aufdringlicher klingt es, macht uns unsicher, und ein Drittes, das ich bemerke, bringt erst mich, dann dich aus dem Takt, so dass wir mit uns gemeinsam in den Himmel starren. Das hungernde Kind ist unser Todfeind

BEIM BAU DER LEIER

Unter den Händen des Sängers Amphion ertönten Klänge, die wir noch nie gehört, von denen jeder makellos die Note traf; und die Mauern Thebens wuchsen magisch hinauf, Stein um Stein zu Amphions Musik. Sie sind zum Sänger gekommen, aus allen Spalten der Welt, ein Algorithmus gezwungen, gezwungen in die hündische Form einer Wehranlage. Agenten, Mitläufer, Amtsschimmel –, wurden die Knochen derer dort eingesetzt, die beim Bauvorhaben starben. Ein Kriegsschiff macht Schulden, eine Mauer dagegen Profit. Verbindung zwischen Montanindustrie und Menschenführung; Kybernetik so eine neue Art chinesische Mauer. Wovon der Dichter nicht wissen konnte, nicht zu sagen wusste, wohin der Singsang seiner Staatskunst führte. Nur ein paar Dinge kopieren, so werden Siege erklärt; der Rest sind Mörtel Schweiß Blut Hirn. In jedem Fall ist die Sprache wirklich gut, lachen kindisch Prospektoren: „Wenn die Musik sich ändert, zittern die Stadtmauern so feste, dass du's in deinem Bauch spüren kannst. Je nach Takt gewinnen wir so, machen wieder Boden." Sagt der weise alte Chinese

LAKONIE DER IKONE

Ohne Wurst gehen wir gar nicht erst, wirklich
los, sie bestand darauf
vor mir, und meinte, ich
hätte etwas Brot versteckt
in ihren Schuhen; warum war sie deshalb
        barfuss auf die Straße
demonstrieren, ein alter Schuh
die einen traurigen Passanten, du hältst
deine Frau jetzt besser, sie vergrault uns
die Figuren; sie kam dann mit der Statistik
vor, zeigte ihre Nummern, und wir liefen zusammen
auf den Richtplatz   sie guckte Welpenaugen, aber mir
stand es bis oben: Wir möchten keinen Kuchen, hier
ist nichts verloren! Wir gehen nicht, vielleicht um,
              schöne Uhr!

SPRACHEN HERCULANEUMS

1

Ein leuchtender Blumenstrauß, mit dem im Arm der Vater zur Begrüßung seiner Gäste kommt, wachten über den Sohn des Prätors die Hausgeister. Augenblicke ängstlichen Wohlwollens, die *steinmänner*, kaum älter als das Kind: kleines Handwerk an den Sohlen der Villen, die sich in der Bucht Neapels sonnen. Nicht geschmolzen und in Form gegossen, Muskeln in schweißtreibender Arbeit gehämmert und beschlagen, so dass der Rasen vor der Anlage glänzt.

Hingegen hier der Staat mit langen, weißen in die Luft gespreizten Beinen, zwischen denen es grollt; in Elegien ein Zeitvertreib der Gesellschaft. Alle Anwesenden, für welche das Kind das Bekanntheitssymbol *papa* hat, müssen ihm erscheinen wie dem Zivilisten die Soldaten einer Kohorte aus der Ferne oder dem Städter die Schafe einer Herde. Noch ist aber Sommer, und so hört man erst ein Kauen, Spucken, Reiben und Stöhnen, nichts weiter; im Pokal zittert allein der verdünnte Wein.

(Sch) (mat)

(zen)

2

Als es eine Ente auf dem Teich der Villa bemerkte, hat es *quack* gelernt und rief bald alles Vogelartige bis auf den Adler der Standarte mit diesem Namen. Dann übertrug es ihn auf eine Münze, auf der ein Adler abgebildet war, endlich auch auf andere Münzen. So lernte es, das Geld zu schätzen, das in seinen Händchen watschelte; ins Verderben *was das ist*.

Dann bedeutete *lala* zuerst den Gesang der Amme, Musik, sodann, als es Militärmusik gehört hatte, auch Soldat, endlich alle Geräusche, selbst unmusikalische wie Klopfen oder Ausgescholtenwerden; das Grollen in der Ferne und auch das Pfeifen in der Luft, wenn auf dem Hof ein Sklave gestraft wurde. *Peite* nannte des Prätors Sohn zuerst die Zweige, die ihm sein Vater zum „Peitschen" abbrach, dann alle Bäume die für ihn im Wind ihre Blätter wippen ließen.

  (Pf)   *(ei)*
(f)(en)

3
Stehe doch lieber auf, mama, lege fleisch und haut doch wieder an, ich hilf dich, du bist doch nicht tot; warum stehst du nicht immertzu auf, wie leben doch, ja? An diesem Tag wird für den Diebstahl eines Hühnerknochens niemand getötet oder wegen seiner Renitenz erwürgt. Die Familie des Dominus ist, obwohl es sich bewölkte, mit ihren Gästen Segeln gegangen. Sie *schiffern drüben schon weg*, wie ein Sklavenjunge auf dem Schoß eines alten Dieners gerade noch bemerkt

                      warum tönnen häuser nicht laufen?
Das Bootshaus eine über die Stirn fallende Haarflamme zwischen den Augen des Strandes, wo die Arbeitsmenschen, Bauernschnecken, ihre letzte Schaukelstunde finden. Aus welchem Grund die Häuser nicht weglaufen? Und an diesem Tag die Diener so viel rennen dürfen wie sie wollen? Noch in der Katastrophe füttert wer nicht sagen kann, was andere sollen, die Hierarchie. Das Schiff schwankt wie der Boden auf dem sie stehen, aber es wird nicht untergehen. Wiesen und unbehauenes Gestein sind zu schmal für den pyroklastischen Strom, dessen Magen rumort und der sich von Osten nach Süden und Westen weitet; wie ein Schwamm schiebt er sich darüber, bis es gegen Ende aufhorcht. Schadenfreude.

                                  (Räu-
                                      d
                                      e
)

IKONENHAFTE LAKONIE (REDUNDANZ)

Ohne Wurst kein Marschieren, vielleicht Bisschen
was für den aufrechten
Gang serviert, hattest du nicht
etwa nichts zu sagen? wie kann man
einem Lieferservice
so viele Schulden?   der Minister auf der Stufe
verweisend, seiner letzten Dienstreise
mit dem Ratschlag, bei nächster Gelegenheit

das Rad zu wählen; uns sonst
ist es versalzen; ich hab galonenweise
eingelagert und nehme
jetzt die Pillen hier. Willst du noch
          was bevor du gehen
musst? Geborgene Schritte, was eilig
die Erde existierte lange vor mir
hat Mutter was in ihren Schuhen
   gehortet

OBEN UND UNTEN

Bilder vom Lager Friedland. Vor 34 Jahren, kurz vor meinem dritten Geburtstag, habe ich hier auch gewohnt. Ich erinnere mich, dass in den Wochen danach, bei einer Großtante an der Mosel, ich mit einer Lungenentzündung und hohem Fieber im Bett lag. Meine allerersten Fieberhalluzinationen, mit Tapetenmustern die waberten und einer Art Geburtstraum, der öfter wiederkehrte; bei dem jeder Versuch, mich aus einer Erdspalte zu befreien, nur dazu führte, dass ich noch tiefer in den nach unten sich verjüngenden Raum rutschte, bis ich schweißgebadet erwachte. In Friedland saß ich auf dem Schoß meiner Mutter oder meiner Großmutter und sah dem Beamten erschrocken zu, als er fragte: Und wer bist du?

TAUTOLOGIEN

Siehst du: wie die Bauern ihre Spaten setzen und beginnen, ihre Formen aus dem Boden zu heben. All die Ikonen in Kirchen, Kapellen, Palästen, Häusern und Hütten; Hoffnung und Furcht Nullen und Einsen, die des Heils und der Verdammnis Idiosynkrasien erstellen. Uhren wollen weißmachen, in Wohnstuben verstreiche Zeit mit demselben Für und Wider des Taktstocks wie auf den Märkten; statische Drohnen, oder sie folgen Mechanismen, die ihnen innewohnen –, diese Holzstücke, ausgescharrte Bohlen. Mütter und Väter, vor denen wir lagen wie hingeschüttetes Wasser, verhandeln über Konditionen. Logarithmen, denen der Zweifel in ihren Körpern nicht angemerkt werden kann, die dem Aufbau jeder Zeile folgen; deren von Links nach Rechts wandernde Blicke die Geschehen und Gedanken reduziert auf abstrakte Werte sehen – die Idylle, zu der geladen wird. Formelmönche, die solange lächeln bis es heimelig wirkt, die selbst vor desjenigen Seele nicht innehalten, der sich betend im Vertrauen an sie wendet. Auch spielen wir mit den Knochen; du musst nur langsamer werden, unvermeidlich zerstückelt vom Hin und Her der Schubkarren. Küss mich.

JONAS ELLERSTRÖM
Schwarz und weiß (Suite von 11 Schachgedichten)

Aus dem Schwedischen von Lukas Dettwiler

1
Das Brett

Vierundsechzig Felder stehen für die Welt.
Die Landschaft liegt im Hell-Dunkel.
Weiß wechselt mit schwarz, schwarz mit weiß,
Tag wird zu Nacht und Nacht zu Tag.
Jedes einzelne Feld ist ein Zuhause,
und jedes auch eine Falle.
Der Schritt zum nächsten Feld bedeutet
festen Boden unter den Füßen oder:
die Falltür öffnet sich.

2
Die Bauern

Vorwärts ist die einzige Richtung.
Die eine Wand bewegt sich zur andern.
Der Ausgang ist gegeben:
gefangene Positionen – Schild gegen Schild
oder eine Lanze in die Seite.
Am Horizont flackert dennoch
schwach eine Möglichkeit – die letzte Reihe erreichen
und ein anderer werden.

3
Der Turm

Nicht ein Mensch ist zu sehen in den Gucklöchern.
Die Burg ist stumm und verriegelt,
doch ihre heimlichen Augen sehen dich,
und hört jedes Wort, das außerhalb
ihrer Mauern fällt.
Eines Tages hat sie
genug gesehen und gehört.
Dann setzt sie sich in Bewegung.

4
Der Ritter

Die Rollen werden verteilt, damit
sich ein Spiel ergibt.
Wählen wir oder werden wir erwählt?
Die Felder erwarten bereits
unsere Anwesenheit.
Sicherheit ist nirgends zu finden,
von allen werden allenfalls Opfer gefordert.
Einer verzieht sein Gesicht,
blickt vor sich hin und meint:
As for me, I'll be a knight.

5
Der schwarze Bischof

Was ist der Unterschied
zwischen dieser Welt
und der Welt dahinter?
Macht wird in beiden ausgeübt.

6
Die Dame

Schönheit ist schonungslos.
Die Dame erweist keine Gnade.
Ein Schatten fällt über das Brett,
die Klinge schwirrt durch die Luft.
Wer weiß, wie das ist?
Der Gefallene
kann nichts erzählen.
Die Königin lächelt
und sagt nichts.

7
Der König

Im Lauf des Spiels altert der König,
er verliert seine Nächsten,
sieht sich von wortlosen, drohenden
Gestalten in eine Ecke gedrängt.
Er ist alt, er wackelt,
er murmelt: Es könnte anders
sein. Der Sieg hätte mir zufallen können.
Er sieht sich um. Die Leere
wäre dieselbe gewesen.

8
Der weiße Bischof

Die Macht des Krummstabs sickert durch die Welt.
Ein Stoß auf den Boden, der Boden bekommt Risse,
entlang dieser Risse trieft ein Rinnsal,
färbt den Marmor, breitet sich aus
in den Adern. Was bleibt jetzt noch weiß
und was schwarz? Das bestimmt die Hand
um den Krummstab, beschließt ohne zu sprechen,
sie wirkt im Unsichtbaren.

9
Der Springer

Das Pferd wirft den Kopf hoch,
zerrt am Zaumzeug,
legt die Ohren nach hinten.
Es ist nicht sein Streit,
es hätte eine Wiese
dem Schlachtfeld vorgezogen.

10
Der Turm

Jetzt naht der Schluss.
Jetzt liegen die Linien offen,
jetzt ist die Sicht frei.
Jetzt treffen die Hiebe
mit voller Kraft
und genau von vorn.
Jetzt wird das Trugbild
eine feste Form annehmen,
jetzt zeigt sich
was Sache war.

11
Die Uhr

Endlich Ruhe. Sekunden
sind zu Minuten geworden, Minuten
zu Stunden, doch die Zeit
schwand die ganze Zeit.
Deine Hand und meine
flogen zur Uhr,
drückten den Knopf nieder,
hörten die Zeit des andern zu ticken beginnen.
Jetzt ist das Gleichgewicht wiederhergestellt,
jetzt ist die ewige Zeitnot vorbei.

Illustrationen: Andrzej Ploski

aufgeschlagen

ANSTECKENDER GEIST

Ein sehr persönlicher, bisweilen wehmütiger Ton durchzieht Gert Uedings Buch über Ernst Bloch. Er lernte den Philosophen der Hoffnung während seiner Tübinger Studentenzeit in den 1960ern kennen. Fasziniert schildert Ueding, dass Bloch in kein akademisches oder politisches Schema passte. Dass Klugheit für ihn nicht alles war, er die Kunst des Erzählens als ebenso wichtig ansah; diese müsse der Philosoph beherrschen, um die Menschen von ihrer eigenen Lage her packen zu können. Bloch hielt sich dran und hatte zeitlebens begeisterte Zuhörer. Ob Uedings Erinnerungen dem einst weltweit beachteten, heute ins Abseits geschobenen Denker zu neuer Beachtung verhelfen? Zu wünschen wäre es. Nicht nur Bloch, sondern auch unserer verzagten Zeit, der nicht nur jegliche Verbindung zu geistigen Traditionen, sondern auch der Möglichkeitssinn abhanden zu kommen droht. *Michael Girke*

Gert Ueding :
»Wo noch niemand war. Erinnerungen an Ernst Bloch«
Klöpfer & Meyer Verlag, Tübingen 2016

DIE FARBEN VON ANGST UND GEWALT

Europa ehrt derzeit den großen niederländischen Maler Hieronymus Bosch zu dessen 500sten Todestag. Allüberall große Ausstellungen: im niederländischen Hertogenbosch, in Madrid und im Bucerius Kunst Forum in Hamburg. In den Gratulantenchor ein stimmt der auch bei uns populäre, doch zuletzt aus dem öffentlichen Fokus geratene niederländische Romancier Cees Nooteboom. Brauchen wir aber wirklich noch ein Buch über Bosch, ist nicht längst alles gesagt über ihn? Unsinnige Frage. Denn Boschs Bilder sind derart eigen, dass die Experten bis heute über deren Bedeutung streiten. Dazu besteht der Reiz von Nootebooms Unterfangen darin, dass kein Akademiker, sondern ein Schriftsteller mit höchst eigener Perspektive sich dem Werk eines bildenden Künstlers nähert.

Der Prado, Madrids Museum für klassische Malkunst, hat Nooteboom beauftragt, durch Europa zu reisen, um Boschs Originale in Augenschein zu nehmen und darüber zu schreiben. Arbeitsbedingungen, von denen andere Autoren nur träumen können. Dennoch Tücken. Eine ist der beträchtliche zeitliche Abstand. Wir Heutigen, meint Nooteboom, besitzen einfach keine hinreichenden Kenntnisse mehr von Bibel und Mythologie, die zu Boschs Lebzeiten vor 500 Jahren selbstverständlich waren und alle seine Bilder motivisch speisen.

Wie hat Bosch gedacht? Man weiß, er war gutsituiert, Sohn eines erfolgreichen Malers, verheiratet mit einer Frau aus wohlhabender Familie. Den abgelegenen Heimatort Hertogenbosch hat er zeitlebens nie verlassen, aber dennoch Europas Höfe und Kirchen mit Bildern beliefert. Auftragskunst mit festgelegten Inhalten, Illustrationen von Jesu Leben oder dem der Heiligen. Die Bosch auf anderen Bildern allerdings unverhohlen in Frage stellte. Seine Kunst, sagen Experten, vermittle einen guten Eindruck davon, welch tiefe Risse das lange Jahrhunderte festgefügte christliche Weltbild seinerzeit schon durchzogen. Aufruhr in den Köpfen. Die Kirche hätte Bosch als Ketzer verurteilen können, doch er hatte Gönner in höchsten Kreisen. Der damalige Kaiser Philipp II. zählte dazu, hängte einiges von dem Maler in seinen Privatgemächern auf.

Bosch war ungemein produktiv, malte Bild auf Bild, Triptychon auf Triptychon, nütze den Erfolg, strickte an ihm weiter, scheute Wiederholungen nicht. Aber er hat keine schriftlichen Zeugnisse hinterlassen. Was ihn umtrieb, bleibt zum Verdruss des Schriftstellers im Dunklen. Nootebooms Buchunternehmen, das vor allem ein Versuch ist, eine Sprache für die sehr spezifische Ausdrucksweise dieses Malers zu finden, droht aufgrund von Faktenmangel zu scheitern.

Dabei bleibt es nicht. Im Museum von Madrid sieht Nooteboom Infrarotaufnahmen von unteren Schichten des Boschwerkes »Anbetung der Könige«. Er sieht Vorstufen, sieht, was Bosch verändert hat, wie er nachdenkt. Plötzlich ist da doch eine Nähe zu dem ferngerückten Künstler, die die Worte sprudeln lässt. Ein besonderes Kennzeichen von Bosch Werken ist ja, das diese bis zum Bersten mit Personal angefüllt sind. Ein Gewimmel von lauter Miniaturszenerien, das Nooteboom als meisterhaftes Vermögen deutet, Gleichzeitigkeit in Szene zu setzen. Bei Bosch stünde Klugheit unmittelbar neben abgrundtiefer Dummheit, Menschlichkeit unmittelbarer neben triebhafter Brutalität, das eine sei vom anderen nicht zu trennen. Der Maler träumte die Gesellschaft, sah überall Widerwärtigkeit und kein Prinzip Hoffnung. »Alles hier«, schreibt Nooteboom, »hat die Farbe von Angst und Gewalt.« Eine Welt, die so fern gar nicht ist.

Soweit die Deutung. Viel entscheidender für die Güte des Buches ist indes, dass Nooteboom Boschs Bildlandschaften gleichsam erwandert und den Leser mit seinem plastisch poetischen Schreibstil mitzunehmen versteht. Nicht nur Bilder sind Kunst, auch ihre Beschreibung ist es. Und in diesem Fach zeigt Nooteboom wahrlich Größe.

Freilich weist sein Buch ein erhebliches Defizit auf. Den Bildteil, der zwar üppig ausgestattet ist und, Nootebooms Blick folgend, etliche Ausschnitte und Einzeldetails von Boschwerken zeigt, aber kein einziges ganz. Bosch steckt im Detail, sicher, erst recht aber steckt er in der Architektur seiner ehrgeizigen Gesamtkompositionen. Es schmälert das Lesevergnügen schon sehr, wenn man, um diese zu sehen, andauernd zu Katalogen greifen oder ins Internet wechseln muss. Die Vorzüge wiegen dennoch schwerer. Es gibt schon so viele Bücher über Bosch, Meilensteine des Kunstverstands darunter. Doch Nootebooms schmaler Band setzt eine von Goethe über Paul Valery bis zu John Updike reichende Tradition von Schriftstellerwerken, die uns die Kunst als abenteuerliche und erkenntnisreiche Entdeckungsreise geben, mit Bravour fort.

Michael Girke

Cees Nooteboom:
»Reisen zu Hieronymus Bosch«
Schirmer/Mosel, München 2016

JERUSALEM IST DAS GEDICHT
Lyriker aus dem 20. und 21. Jahrhundert erfinden die Stadt

Gibt es sie? Ist die Wirklichkeit in ihr zu Hause? Oder bündeln sich dort nur Vorstellungen, die Träume an einen fernen Gott oder an eine nahe Geliebte, deren Existenz nur durch Worte beglaubigt wird?

„Aber durch die Wunde in meiner Brust sieht Gott in die Welt. // Ich bin die Tür seiner Wohnung." So dichtete der 1924 in Wurzburg geborene und 2000 in Jerusalem gestorbene Dichter Jehuda Amichai. Und für ihn war diese Stadt der Weltort, Vision, das andere Ich – dem Himmlischen nah. Und verwundet von dem Dichter über ihm. Aber die Bibel jubelt. „Preise, Jerusalem, den Herrn", heißt es im Psalm 147, den Bach in Kantatenklänge setzte (BMV 119).

55 lyrische Stimmen hat die Bonner Germanistin Birgit Lermen zusammen mit ihrer Züricher Kollegin Verena Lenzen versammelt: ein Lesebuch, das mitnimmt auf vergessene Flugrouten hin zur Stadt der Städte – von Lasker-Schüler, Mandelstam und Ausländer zu Domin, Nick, Kunze, Rübner und Stadler. Doch sind es nicht vorwiegend die Dichterinnen, die sich Jerusalem zuwenden und in diesen Mauern Zuflucht und Ankunft finden wollen, sondern meist Autoren, deren lyrische Sprache in der hebräischen und somit jüdischen Welterfassung wurzelt. Für diese Dichter ist Jerusalem der Ort, den Gott sich als Wohnsitz gewählt hat. Die Sammlung dieser Gedichte ist – wie an einer rettenden Boje festgemacht an zwei Versen von Paul Celan (1920 im damals rumänischen Czernowitz geboren und 1970 in Paris freiwillig aus dem Leben geschieden. Auf Seite 88 (sic!) steht:

„DU SEI WIE DU, immer // Stant up Jherosalem inde / erheyff dich // Auch wer das Band zerschnitt zu dir hin
   sowie
   „es stand Jerusalem um uns".
Der Dichter der „Todesfuge" nimmt durch Kursivschreibung wörtlich Bezug auf den deutschen Mystiker Meister Eckardt, dessen mittelhochdeutsche Sprache er sich anverwandelt und dessen lyrischer Mystik er weiterspinnt. Jüdische und christliche Sprach- und Gotterfassung begegnen sich. Wo Eckardt seine Gott-Rede ins „Eins-Nichts" münden lässt, wird Celan wie ein Liebender konkret in an Anrufung „DU SEI WIE DU". Jerusalem ist Ort des Bundesbandes zwischen Gott und Israel. Jedoch: Gott bleibt, auch dann, wenn das Band zerschnitten wird.

Dieser Sprachverdichtung im Fingerhut weniger Verse kommen die anderen Gedichte nicht nahe. Sie sind offener, wärmer und wirken landläufiger. Man wird Teil dieser Verse, ihrem Schaukeln und Sehnen.

„Ich bin fünftausend Jahre jung // Mein Schal / ist eine Schaukel", schreibt sich Rose Ausländer in die Stadt hinein, 1901 wurde sie, wie Celan, am Pruth geboren und starb 1988 in Düsseldorf. Und die Elberfelderin Else Lasker-Schüler, die 1945 im Jerusalemer Exil, fern ihrer „Wupperheimat" seelisch verblutet, dichtete: „Ich kann deine Lippen nicht finden…/ Wo bist du ferne Stadt / Mit den segnenden Düften?" Denn dieser Ort ist stets dichterische Projektion, um das eigene Fremdsein zu erlösen, Jerusalem ist Geliebte und Geliebter, das Unerreichbare. Und insofern schwingt sich auch Gott in die Sprache ein, er ist ja ein Wort-Gott, wie das Johannes-Evangelium weiß. Augustinus` Suche ist diejenige eines Dichters, der Gott als den universellen Poeten erkennt: „Du treibst ihn (= den Menschen), dass dich zu preisen ihm Wonne ist, weil du uns schufest zu dir hin, und ruhelos ist unser Herz, bis es Ruhe findet in dir." Ja, erst dann, nach der Er-schaffung durch den Wort-Kreator Gott.

Die meisten Dichter dieses zauberhaften Bandes kommen aus dem jüdischen Glauben und auch nur diese werden im Vorwort skizziert. Die wenigen anderen in den Kontext der Jerusalem-Gedichte der Gegenwart einzuweben wäre eine Anstrengung für eine Neuauflage, denn die Stadt beherbergt nicht nur drei Religionen, sondern strahlt als Weltstadt für die Dichtungen aller Sprachen golden. Ist Jerusalem nicht die Stadt der Erfindungen schwalbenzärtlicher Herzen, die nicht existieren und doch immer da sind? *Matthias Buth*

Birgit Lermen / Verena Lenzen (Hrsg.)
„es stand / Jerusalem um uns"
Jerusalem in Gedichten des 20. und 21. Jahrhunderts
184 Seiten, B. Kühlem Verlag, Mönchengladbach 2016

DAS UNVEREINBARE

In der nunmehr hundertjährigen Aufführungshistorie von Gustav Mahlers Symphonien standen sich immer wieder zwei konträre Auffassungen gegenüber, oft mit der Ausschließlichkeit apodiktischer Thesen, als sei wegen der präzisen Anweisungen in Mahlers Partituren kein interpretatorischer Spielraum mehr gegeben. Daß man sich aber weder bloß an der Anatomie eines Skeletts voller Mikrofrakturen erfreuen noch allein dem Grellen, Pathetischen, Exaltierten lauschen muß, hat in jüngerer Zeit Jonathan Nott bewiesen.

Nott verbindet in seiner Gesamtaufnahme die Tugenden beider Ansätze. Er legt großen Wert auf strukturelle Zusammenhänge, zerlegt einzelne Passagen bis in winzigste Taktabschnitte, ohne dabei die Spannung und das architektonische Gefüge aus dem Auge zu verlieren, bewahrt die Durchhörbarkeit der einzelnen Stimmen und arbeitet gleichzeitig die Klangfarben und Effekte wirkungsvoll heraus. Sein analytischer Zugang verharrt nicht in nüchterner, distanzierter Kühle, sondern lädt Mahlers Musik mit solcher Emotionalität auf, wie man sie seit Bernsteins Aufnahme mit dem New York Philharmonic und Kirill Kondrashin mit seinen russischen Orchestern nicht mehr gehört hat. Die Tempi sind zwar durchweg eher gemäßigt, geraten aber, dank fein abgestufter Rubati, nie ins Schleppen oder Stocken und ziehen an den richtigen Stellen, etwa in den tumultuösen Eruptionen in der Fünften oder in der Rondo-Burleske der Neunten, virtous an.

Wann wurden die Stille, die Vogelrufe am Beginn der Ersten so lebendig dargestellt wie bei Nott? Stimmungsmalerei, deren Effekte nicht zum Selbstzweck geraten, sondern sich ins musikalische Gewebe einpassen. Derb auftrumpfend kommt der Ländler daher, wie im Scherzo von Hans Rotts E-Dur-Symphonie, dem unbestreitbaren Vorbild. Dann die Grablegung im dritten Satz, ironisch, ohne groteske Übertreibung, und bestürzend der Beckenschlag, der das Finale eröffnet, dessen mehrfache Durchbrüche Nott behutsam steigert, wie Mahler es noch in der frühen Hamburger Fassung intendiert hatte.

Notts Zweite ist die vielleicht überzeugendste Interpretation dieses Werkes. Endlich hört man im ersten Satz, wie Mahler den erregten Walküren-Beginn mit typisch Brucknerschen Streicherfiguren kombiniert. Der stets problematische Finalsatz entfaltet schlichte Gläubigkeit ohne Schmalz und Herzschmerz, indem der Chor bis kurz vor der Schlußsteigung durchweg zurückhaltend singt und die beiden Solistinnen sich jeder opernhaften Dramatik enthalten. Im dritten Satz der Vierten haben sich die Tore zum kindlichen Paradies kaum einmal unter solchem Getöse geöffnet wie bei Nott, herrlich danach die in Worten ausgemalte Paradiesesvorstellung, einfach, schlicht, niemals kitschig, dennoch doppelbödig, immer auf dem Grat der Illusion — die Nott als solche durchschaut und gleichzeitig todernst nimmt.

Manche Kritiker haben Nott vorgeworfen, er habe in der Sechsten, Siebten und Neunten die Verwerfungen, den „Riß des Schreckens" (Wollschläger), nicht drastisch genug ausgespielt. Es ist wahr, den Kopfsatz der Siebten wußten Zinman und Tennstedt alptraumhafter zu gestalten, ein nächtliches Umherirren im Unterbewußten, und die Hammerschläge in der Sechsten waren nie wuchtig-niederschmtternder als bei Gielen. Doch Mahlers Symphonien sind für mancherlei Deutungen offen, und man muß sie nicht gegeneinander ausspielen. Notts Gesamtkonzept zielt nicht auf das Leiden eines Individuums, das in höchst subjektiver Weise seine Ängste und Nöte in Tönen notiert, vielmehr auf die souverän gestaltete künstlerische Artikulation der Empfindung. Keine verquälten Schicksalsschläge ringen im Finale der Sechsten miteinander, sondern musikalische Themen —: heroisches Aufbegehren bis zuletzt, nicht stille Ergebenheit in Nihilismus.

Ein weiteres Beispiel für Notts wohlerwogene Interpretation ist das Finale der Siebten. Ein einziger großer Marsch ins Tageslicht in Abbados Luzerner Einspielung, höchste Skepsis gegenüber jeglichen Freudenbekundungen bei Gielen. Solche Extreme meidet Nott, sein Finale ist keine überschäumende Feier, keine Desavourierung der Freude, vielmehr ein Bekenntnis, daß Freude existiert —: in den einfachen Dingen, in den groben Tänzen, in den schrillen Effekten, selbst noch (oder gerade?) im Sentimentalen. Nott befreit sich aus dem Bann von Adornos Deutung, entschlackt Mahler von den schrillen, groben, verzerrten Brüchen, die ihn für viele zum Propheten der neuen Musik gemacht haben, und vertraut darauf, daß eine unaffektierte Darstellung aus sich selbst genügend Kraft entwickele. Mahler ist allemal ein avancierter Komponist, nicht aber sofort auch ein „Zeitgenosse der Zukunft".

Die Aufnahmetechnik des Labels Tudor fängt Notts interpretatorischen Ansatz bestens ein. Die Dynamik reicht vom Naturlautgeflirr in der Ersten und dem von Gipfeln erlauschten Naturglockengeläut in der Sechsten bis zu den ohrenbetäubenden Schlußtakten der Finalsätze. Die Balance der Instrumentengruppen wurde behutsam eingefangen, sie klingt natürlich und niemals scharf abgegrenzt, wodurch das feine kontrapunktische Gewebe hervortritt. Selten waren die Mandoline in der Siebten, die Glocken in der Zweiten, die Celesta in der Achten deutlicher zu vernehmen. Wenn man Tiefgang nicht ausschließlich für Zergrübeltheit hält, ist man mit Notts Aufnahme bestens bedient. Be-dauerlich nur, daß die Zehnte und das „Lied von der Erde" fehlen und dem Vernehmen nach auch nicht mehr eingespielt werden sollen. *Jürgen Brôcan*

Gustav Mahler: Symphonien 1-9. Bamberger Symphoniker, Jonathan Nott. Tudor, 2016.

Die Beiträger

June Robertson Beisch, 1939–2010, geboren in Ashland/Wisconsin, aufgewachsen in Minneapolis. Sie arbeitete als Journalistin für den Rundfunk und als Professorin für amerikanische Literatur in Cambridge in der Nähe von Boston, wo sie mit ihrem Mann und zwei Kindern lebte. June Beisch hatte erst mit 43 Jahren, kurz nachdem sie an Brustkrebs erkrankt war, begonnen Gedichte zu schreiben. Bis zu ihrem Tod sind zwei Titel erschienen: „Take Notes" (Epiphany Publications, 1992) und „Fatherless Woman" (Cape Cod Literary Press, 2004). – Die Gedichte sind, mit freundlicher Genehmigung von Charles Beisch, dem Band „Fatherless Woman" entnommen.

Mathias Jeschke, geb. 1963, arbeitet als Verlagslektor und freier Autor in Stuttgart. Zuletzt erschienen die Gedichtbände „Der Fisch ist mein Messer" (edition Azur, 2014) und „Luftstudien" (edition offenes feld, 2016). Er ist Herausgeber der LYRIKPAPYRI im Horlemann Verlag.

Matthias Buth, geb. 1951 in Wuppertal. Er studierte Rechtswissenschaft und arbeitete als Kulturreferent und Ministerialrat. Gegewärtig ist Buth als Leiter des Justitiariats bei der Bundesbeauftragten für Kultur und Medien (BKM) im Bundeskanzleramt beschäftigt. Er veröffentlichte zahlreiche Essays und mehr als zehn Gedichtbände, zuletzt: „Gnus werden auf der Fluicht geboren" (Verlag Ralf Liebe, Weilerswist 2015).

Michael Gormann-Thelen, geb. 1946. Literaturwissenschaftler, Soziologe, Freier Lektor. Gegenwärtig beschäftigt mit der Edition eines deutsch-französischen Briefwechsels und der Werke eines bedeutenden, aber vergessenen Sprachwissenschaftlers, außerdem der Übersetzung einer Auswahl französischsprachiger Lyrik. Lebt derzeit in Frankreich. Zahlreiche Aufsätze und Essays.

Jürgen Kross, geb.1937 in Hirschberg / Schlesien. Ausbildung zum Fernsehredakteur beim ZDF; lebt als Autor und Buchhändler in Mainz. Zahlreiche Veröffentlichungen im In-und Ausland. Zuletzt: „Puppenkopf oder Wer fürchtet sich vorm schwarzen Mann", 2014; „ruf-weiten", 2013; „umbruch", 2014; „schluchten" 2016 (Elfenbein-Verlag, Berlin).

Göran Tunström, 1937 geboren in Karlstad (Värmland), starb im Februar 2000 in Stockholm. Der Autor debütierte 1958 als Lyriker (nach abgebrochener Ausbildung zum Priester der Schwedischen Kirche sowie abgebrochenem Universitätsstudium) und wurde u.a. mit dem Literaturpreis des Nordischen Rats für seinen Roman „Das Weihnachtsoratorium" (orig. Juloratoriet) ausgezeichnet (1983). Sein Werk ist bisher in siebzehn verschiedene Sprachen übersetzt worden. – Die Gedichtauswahl ist, mit freundlicher Genehmigung von Linus Tunström, dem Band „Sorgesånger" (Klagelieder), Albert Bonniers förlag, Stockholm 1980, entnommen.

Alexandra Bernhardt, geb. 1974. Studium der Philosophie, Gräzistik und Komparatistik in München und Wien. Lebt und arbeitet als freie Autorin, Übersetzerin und Herausgeberin in Wien.

Tanja Jeschke, geboren 1964 in Pretoria. Studium der Germanistik und Theologie in Göttingen und Heidelberg. Arbeitet als Autorin und Literaturkritikerin in Stuttgart. Ihr erster Roman „Ein Kind fliegt davon" erschien 2011 bei Horlemann in Berlin. Veröffentlichung vieler Kinderbücher und Erzählungen.

Rolf Schönlau, geb. 1950 in Paderborn. Apothekerassistent, Literaturwissenschaftler, literarischer Übersetzer aus dem Englischen, Dozent für Deutsch als Fremdsprache, Pressesprecher, Ausstellungskurator, Autor und Schriftsteller. Lebt und arbeitet in Schlangen (NRW). Literaturpreis der Stadt Georgsmarienhütte 2000. Einladung zum Ingeborg-Bachmann-

Wettbewerb 2004. Letzte Veröffentlichung: „Das Hibernat" (Hörspiel, WDR 2013).

Erik Beckman, (1935-1995) galt als das „enfant terrible" in der Literatur Schwedens. Er debütierte 1956 in einer Anthologie mit Gedichten (worin ebenso Lars Gustafsson erstmals publizierte), schrieb Romane und Hörspiele der experimentellen Art. Der spätmodernistische Roman „Inlandsbanan" von 1967 gilt als Klassiker. Beckman ist der große Sprachspieler mit Tiefgang in der schwedischen Literatur, der seine Texte wie (frei improvisierte) Musik komponierte. Sein Schaffen war inspiriert von Franz Kafka wie auch von dem Romancier Lars Ahlin (1915-1997). – Die Übersetzung von „Korttänkt" aus dem Band „*Fågeln som pianist. En litterär figur*" (Der Vogel als Pianist. Eine literarische Figur), Albert Bonniers förlag, Stockholm 1986, erfolgt mit mit freundlicher Genehmigung von Åsa Beckman.

Norbert Lange, geb. 1978 in Gdynia, Polen, lebt in Berlin. Er studierte Kunstgeschichte, Philosophie und Judaistik in Berlin und von 2002 bis 2006 am deutschen Literaturinstitut in Leipzig. Er ist Mitherausgeber der Internet-Literaturzeitschrift karawa.net, Herausgeber eines „Schreibhefts" mit dem Schwerpunkt Charles Olson und u.a. Übersetzer von George Oppen. Zuletzt erschien von ihm der Gedichtband „Das Schiefe, das Harte und das Gemalene" (luxbooks, Wiesbaden 2012).

Jonas Ellerström, geb. 1958, ist Übersetzer, Dichter, Essayist sowie Verleger des von ihm 1983 gegründeten, in Lund ansässigen Verlages (www.ellerstroms.se), bei dem seit 2006 auch Lyrikvännen, die älteste schwedische Zeitschrift für Poesie (1954 gestartet) erscheint. Ellerströms förlag hat sich in den mehr als dreißig Jahren seines Bestehens zu dem wohl angesehensten Verlag für Dichtung in Schweden profiliert. Jonas Ellerström selbst hat über zwanzig Gedichtbücher übersetzt, darunter William Blake, Arthur Rimbaud, Sylvia Plath, Les Murray u.a.; 2012 ist ihm für seine Literaturvermittlung der Spezialpreis der literarischen Akademie Samfundet De Nio verliehen worden.

Andrzej Ploski, geb. 1944 in Kielce, studierte an der Kunstakademie in Krakow und lebt seit 1977 in Lund, Schweden.

Lukas Dettwiler, geb. 1954 in Basel, lebt in Bern. Er studierte Nordische Philologie in Zürich und Uppsala, ist seit 2003 Archivar im Schweizerischen Literaturarchiv und übersetzte Jesper Svenbro, Göran Tunström, Bengt Emil Johnson und Gunnar D. Hansson.

Impressum

Herausgegeben von Offenes Feld e.V., Herford
Redaktion: Michael Girke, Klaus Anders
Beirat: Jürgen Brôcan
Mitarbeit: Kerstin Zimmermann
Cover & Layout: Studio Z16, Dortmund

Der Verein Offenes Feld dient als Forum für die Diskussion, Korrespondenz und Vermittlung zwischen den Künsten. Die Mitglieder kommen aus allen Bereichen der Kultur.

Weitere Informationen und Bestellmöglichkeiten:

www.offenesfeld.de

Besuchen Sie den Verein auch unter:

www.facebook.com/offenesfeld.de

Heft Nr. 5
August 2016

Herstellung und Verlag: BoD — Books on Demand, Norderstedt
Printed in Germany
ISBN: 9783741250217

edition offenes feld
hrsg. von Jürgen Brôcan
in Zusammenarbeit mit Offenes Feld e.V.

Bengt Emil Johnson:
Das Fest der Wörter. Aus dem Sumpf.
Mit einer Nachschrift von Staffan Söderblom
Aus dem Schwedischen übersetzt von Lukas Dettwiler
edition offenes feld, Dortmund 2015
116 S., ISBN 9783739215457

Ranjit Hoskote:
Feldnotizen des Magiers
Aus dem Englischen übertragen von Jürgen Brôcan
edition offenes feld, Dortmund 2015
124 S., ISBN 9783739215419

Hans Børli:
Der Wind schaut nicht auf die Wegweiser
Aus dem Norwegischen übersetzt von Klaus Anders
edition offenes feld, Dortmund 2015
100 S., ISBN 9783739215440

Klaus Anders:
Ätna. 35 Ansichten.
edition offenes feld, Dortmund 2015
76 S., ISBN 9783738659498

Carsten Zimmermann:
Nichts geschieht. Roman.
edition offenes feld, Dortmund 2016
160 S., ISBN 9783839115251

Bianca Döring:
Flieg, mein elektrischer Fisch
Bilder einer Weltverlorenheit. Prosa.
edition offenes feld, Dortmund 2016
144 S., ISBN 9783842334489

Arundhathi Subramaniam:
Die Stadt brandete gegen mich
Aus dem Englischen übersetzt von Jürgen Brôcan
edition offenes feld, Dortmund 2016
80 S., ISBN 9783842336711

Kjartan Hatløy:
Die Lippen verlangen nach Ocker
Aus dem Norwegischen übersetzt von Klaus Anders
edition offenes feld, Dortmund 2016
108 S., ISBN 9783739213989

Angelica Seithe:
Im Schatten der Äpfel. Ausgewählte Gedichte.
edition offenes feld, Dortmund 2016
112 S., ISBN 9783741238505

Mathias Jeschke:
Luftstudien
edition offenes feld, Dortmund 2016
84 S., ISBN 9783739232010

in Vorbereitung:

Thomas J. Wehlim:
Zweierlei Krieg. Roman.
edition offenes feld, Dortmund 2016

Göran Tunström:
Unsere Insel – Unsere Zeit im Meer
Aus dem Schwedischen übersetzt von Lukas Dettwiler
edition offenes feld, Dortmund 2016

Spoon Jackson:
Die Felsentauben erwachen auf Zellenblock 8
Aus dem amerikanischen Englisch übersetzt von Rainer Komers
edition offenes feld, Dortmund 2016